le cœur d'un homme
JOHNNY HALLYDAY
NOIR C'EST NOIR
LA GÉNÉRATION PERDUE
JOHNNY HALLYDAY
TES TENDRES ANNÉES
ELLE EST TERRIBLE
POUPÉE BRISÉE
MASHED POTATOE TIME
Gabrielle
JOHNNY HALLYDAY
Né pour vivre sans amour
Laura
Johnny Hallyday
LE CHANTEUR ABANDONNÉ
HALLYDAY
REQUIEM POUR UN FOU
JOHNNY HALLYDAY
LES CHIENS DE PAILLE
JOHNNY HALLYDAY
"HEY, LOVELY LADY"
PHILIPS
MON P'TIT LOUP (ça va faire mal)
JOHNNY
TÊTE à TÊTE avec Johnny Hallyday
A NEW ORLEANS
HEY PONY
24.000 BAISERS
sentimental
Tu es là
Johnny
LA MUSIQUE QUE J'AIME
PHILIPS
diego
libre dans sa tête
JOHNNY HALLYDAY
(Bercy 90)
J.H.
La douceur de vivre
JOHNNY
mes yeux sont fous
reviens donc chez nous
PHILIPS
Johnny Hallyday
LE CŒUR EN DEUX
IL NEIGE SUR NASHVILLE
L'hymne à l'amour
JOHNNY HALLYDAY
Hallyday
Sang pour sang
24000 baisers
tu es là
Johnny Hallyday
Vogue
JOHNNY HALLYDAY
l'envie
équipe de nuit · gabrielle
en concert à bercy
HAMLET
HALLYDAY
JOHNNY HALLYDAY
Shake The Hand Of A Fool
Hold Back The Sun
"CEUX QUE L'AMOUR A BLE…
"SI TU PARS"
L'IDOLE DES JEUNES • C'EST LE MASHED POTATOES
PHILIPS
JOHNNY HALLYDAY
SAN FRANCISCO
johnny hallyday
MON FILS
FLEURS D'AMOUR ET D'AMITIÉ
PSYCHEDELIC
CADILLAC
JOHNNY HALLYDAY
JOHNNY
JOHNNY HALLYDAY
je ne suis pas
un héros :
johnny hallyday.
(enregistrement
public, bercy 90)
inclus inédit
mystery train.
sylvie & johnny
j'ai un problème
JOHNNY HALLYDAY Chante les filles
LAISSE LES FILLES
ALLUMER LE FEU
Johnny Hallyday
JOHNNY HALLYDAY
DE L'AMOUR

LA VÉRITABLE HISTOIRE DES CHANSONS DE

JOHNNY HALLYDAY

FABIEN LECŒUVRE

LA VÉRITABLE HISTOIRE DES CHANSONS DE JOHNNY HALLYDAY

Hugo Image

Un livre édité par Hervé Desinge
Direction littéraire : Laurent Abrial
Direction artistique : Jef Cortes
Iconographie : Géralde Ferdel

34-36, rue La Pérouse, 75116 Paris
www.hugoetcie.fr
ISBN : 9782755635539
Dépôt légal : septembre 2017

Johnny, une idole pour la vie

On a tous en nous quelque chose de Johnny. Des chansons qui nous rappellent celles et ceux qu'on a aimés, des événements de sa vie qui nous font nous souvenir de ceux qui ont marqué les nôtres. Lorsque, le 14 avril 1960, il sort son premier disque de rock'n'roll, « T'aimer follement », et que quatre jours plus tard il participe à l'émission de télévision « L'École des vedettes », Johnny incarne une nouvelle façon de vivre, l'appétit d'une jeunesse que la société avait jusqu'alors ignorée. Il va être le détonateur d'un grand chambardement musical et sociologique qu'on qualifiera vite de l'ère des yé-yé.

C'est la fin d'un système, l'époque de prospérité d'après-guerre incarnée par le général de Gaulle, la libération des énergies d'une jeunesse bridée par les entraves idéologiques de leurs parents qui écoutent Piaf, Mariano et Tino Rossi. À travers cet archange blond de dix-sept ans, ce sont des millions de jeunes Français issus du baby-boom qui expriment leur volonté d'exister au milieu des plaisirs nouveaux de la société de consommation. Johnny va devenir leur porte-parole, leur symbole. Avant lui, aucun adolescent français n'avait aussi bien incarné le rêve américain, si cher à cette génération.

Quand, en 1964, Johnny est appelé sous les drapeaux, les familles françaises voient leurs fils ou leurs grands frères partir aussi à l'armée. Johnny donne l'exemple. Son mariage avec Sylvie Vartan, le 12 avril 1965, dans la Mairie de Loconville, dans l'Oise, est un événement médiatique sans précédent. Son bonheur rassure et, le 14 août 1966, l'idole a un fils, David. La France est attendrie.

Les années passent et les modes aussi. Johnny s'adapte et c'est là sa force. Quand le twist et le yé-yé s'essoufflent, il se tourne vers le courant hippie et se convertit au Flower Power et à la pop music. Fidèle à sa réputation de pionnier du rock français, il est aussi le premier à donner de grands shows au Palais des Sports. Dans la décennie 1970, il inscrit quelques monuments à notre patrimoine musical comme « Fils de personne », « Oh ! ma jolie Sarah », « La musique que j'aime », « Gabrielle », « Joue pas du rock'n'roll pour moi »…

Mais, le 5 novembre 1980, le couple modèle qu'il forme avec Sylvie Vartan explose, le divorce est prononcé et la France est triste. Une nouvelle fois, la vie de l'idole fusionne avec celle de milliers de familles. Pour Johnny comme pour Monsieur Tout-le-monde, un jour la vie chante et l'autre pas. Le bonheur comme le malheur rassemblent l'idole et son public. Son histoire ne lui appartient plus, Johnny est de toutes les familles.

Avec les années 80, notre pays prend un nouveau visage, on change d'époque. Symboles du renouveau, les radios FM laissent sur le côté de la route un grand nombre de chanteurs des années passées. Johnny échappe à cette disgrâce, peut-être grâce à son instinct de survie, mais surtout à son éternel amour du rock'n'roll, qui lui permet de s'engouffrer dans cet air du temps en pleine transformation. Avec un panache singulier, il s'entoure d'une nouvelle génération en travaillant avec des auteurs comme Michel Berger, sur l'album *Rock'n'roll attitude*, comme Jean-Jacques Goldman, sur *Gang*, et Étienne Roda-Gil pour *Cadillac*. Les tubes s'enchaînent et remplissent la bande originale de nos années 80.

Le 23 avril 1982, Johnny rencontre l'actrice Nathalie Baye dans un show télévisé de Maritie et Gilbert Carpentier. C'est le coup de foudre. La France se passionne pour cette belle love story dont l'apothéose est la naissance de leur fille, Laura, le 15 novembre 1983.

Dans ces années-là, Johnny fait son cinéma. Moteur. Godard puis Costa-Gavras lui permettent de faire une entrée remarquée dans le milieu très fermé du septième art, et Johnny crève l'écran comme il brûle les planches.

En 1987, il conquiert Bercy, dans un spectacle mis en scène par Michel Berger. Il fera de cet endroit un de ses temples et y reviendra souvent, notamment en 1990, pour fêter ses trente ans de carrière.

Le 9 juillet 1990, il épouse Adeline Blondieau, la fille de son pote de toujours, Long Chris.
Elle a à peine vingt ans, il en a presque cinquante, il l'a vue grandir. Johnny peut tout se permettre. Sa vie passionne mais les cancans ne l'atteignent pas. Il en joue, ils font partie de sa légende. Une fois de plus, le chanteur cristallise les fantasmes, ceux de toute une génération dévorée par cette éternelle soif de séduction. Après deux ans de mariage sous les projecteurs, Johnny et Dadou, comme il l'a surnommée affectueusement, se séparent.

Mais Adeline réapparaît vite dans la vie de l'idole et leur remariage express fait à nouveau couler beaucoup d'encre. 119 jours après, ils se quittent à nouveau ! La vie de Johnny n'est pas banale.
Personne ne souhaiterait de toute façon qu'elle le soit. Elle défie toutes les règles, avec lui, tout est possible. C'est aussi cela, la rock'n'roll attitude.

En 1993, il retient la nuit de près de 300 000 fidèles qui se réunissent sur la pelouse du Parc des Princes, pour les cinquante ans de leur idole et revivre leurs tendres années. Johnny devient alors le champion de la démesure sur scène, cascades, moto, shows spectaculaires… pour son public, l'idole ne se refusera aucune folie.

Pour oublier ses amours malheureuses, Johnny chante le blues sur l'album *Rough Town*.

Qui peut le plus peut le moins, et après des salles gigantesques, il se produit, en 1994, à La Cigale, en toute intimité, devant quelques centaines d'inconditionnels privilégiés. Johnny chante en anglais, toute la musique qu'il aime.

Mais son public n'apprécie guère cette infidélité à la langue de Molière et le lui fait savoir. Message reçu. Comme il ne peut rien lui refuser, le rocker made in France s'empresse de sortir, l'année suivante, l'album *Lorada*, avant de retrouver Bercy.

Cette même année, dans un restaurant japonais de Miami, il fait la connaissance de Læticia Boudou. Il craque pour son allure poupine et ses belles boucles rousses. Simple,

discrète, la jeune fille incarne le nouveau visage de l'amour dans la vie de l'idole. Le lundi 25 mars 1996, après très exactement un an de vie commune, Johnny épouse Lætícia à la Mairie de Neuilly-sur-Seine. Johnny est heureux et la France tout entière partage son bonheur.

Après presque un demi-siècle à l'affiche, la popularité de Johnny ne cesse de grandir.

En 1998, il nous surprend en donnant un méga-show dans l'antre du Stade de France, avec une arrivée en hélicoptère époustouflante. En 1999, il triomphe avec l'album *Sang pour sang*, composé par son fils, David. Il est récompensé par une Victoire de la musique et un disque de diamant pour plus d'un million d'exemplaires vendus. Admiré par le président, le Premier ministre, la secrétaire et l'ouvrier, le personnage rassemble toute une nation. C'est réciproque, car Johnny est amoureux de son public. Ne lui a-t-il pas clamé, le 10 juin 2000, au pied de la tour Eiffel : « Ma plus belle histoire d'amour, c'est vous » ?

Le 17 juin 2000, Johnny entame une série de quarante concerts à l'Olympia de Paris. Dans cette célèbre salle, l'idole déchaîne les foules pendant trois mois. Plus de 100 000 spectateurs assistent au retour du chanteur dans ce lieu mythique. En 2000, il est aussi à l'affiche du film de Lætitia Masson, *Love me*.

En 2002, l'idole interprète la chanson officielle de la Coupe du monde de foot, intitulée « Tous ensemble », et publie le 4 novembre un double album, *À la vie à la mort*, qui regroupe vingt-trois nouveaux titres signés Gérald de Palmas, Marc Lavoine, Patrick Bruel, Catherine Lara, Maxime Le Forestier. Ce nouveau disque bat une nouvelle fois des records de ventes, avec 305 000 copies en une semaine. En 2003, à soixante ans, Johnny entame une tournée des stades qui passe par le Parc des Princes de Paris, du 10 au 15 juin. Et en novembre 2004, Johnny et son épouse Lætícia adoptent Jade, une ravissante petite fille originaire du Viêt Nam…

En 2006, après un ultime album sorti chez Universal, deux ans plus tôt, c'est Warner Music, la nouvelle maison de disques du chanteur, qui sort le CD et DVD Live, « Flashback Tour », enregistré au Palais des Sports de Paris, les 14 et 15 juin. Le 12 novembre 2007, Johnny réalise le disque dont il rêvait depuis longtemps : un album de chansons blues qui s'écoule à 400 000 copies en deux mois.

Le 26 décembre 2008, le chanteur et son épouse accueillent une petite sœur pour Jade. Elle s'appelle Joy et Johnny est comblé par ce nouveau bonheur. Pour pouvoir voir grandir ses deux filles, le chanteur envisage de ralentir le rythme effréné de ses tournées. Pourtant, après la sortie, en octobre 2008, de son album *Ça ne finira jamais*, Johnny Hallyday lance sa nouvelle tournée, baptisée « Tour 66 », en référence à son âge et à la fameuse route américaine.

Le « Tour 66 » commence au Zénith de Saint-Étienne, le 8 mai 2009, mais sera brutalement stoppé en raison de graves problèmes de santé, l'opération délicate d'une hernie discale, le 26 novembre. Réopéré le 7 décembre à Los Angeles, Johnny est plongé deux fois dans un coma artificiel. Les rumeurs les plus folles circulent alors sur l'état de santé de l'artiste. Finalement, le 14 décembre, il sort du coma et doit suivre une longue convalescence, d'abord à Los Angeles, puis à Saint-Barthélemy. Et c'est le dimanche 23 mai 2010 que Johnny revient en France, avec Lætícia et leurs enfants, un véritable événement retransmis dans les journaux télévisés et repris le lendemain par tous les quotidiens.

Après quelques mois de convalescence, Johnny retrouve triomphalement la scène française, le 3 décembre 2010, à l'Arena de Montpellier. L'auteur-compositeur Matthieu Chedid vient le rejoindre pour un duo. C'est le début d'une nouvelle collaboration. En mars 2011, Johnny publie un 47e album studio, intitulé *Jamais seul,* réalisé justement par Matthieu. Le 3 décembre, c'est lors d'un concert privé au deuxième étage de la tour Eiffel qu'il annonce une nouvelle tournée pour le printemps 2012, après s'être lancé dans une nouvelle aventure, le théâtre. Entre le 6 septembre et 19 novembre 2011, il a joué une pièce de Tennessee Williams, *Le Paradis sur terre*, au Théâtre Édouard VII, à Paris.

Johnny repart sur les routes avec sa 181e tournée, qui passe une nouvelle fois par le Stade de France. Il devient le seul artiste français a avoir donné neuf concerts dans ce lieu. Il enregistre également un nouvel album, *L'Attente*, réalisé par Yvan Cassar, et écrit essentiellement par Christophe Miossec. Ce 48e disque studio reçoit un excellent accueil et s'écoule à plus de 600 000 exemplaires.

Le 15 juin 2013, Johnny a soixante-dix ans, c'est aussi l'âge de la génération baby-boom. Ce soir-là, il chante à Bercy, un show retransmis en direct sur TF1. La France entière assiste à cet anniversaire qui a une saveur si particulière pour toutes celles et tous ceux qui ont grandi avec les chansons de l'idole. L'année suivante, Johnny retrouve deux de ses complices de toujours, Eddy Mitchell et Jacques Dutronc, pour un spectacle intitulé « Les Vieilles Canailles », qui se joue à guichets fermés pour six représentations à Paris-Bercy. Le succès est tel qu'une tournée est signée pour le printemps 2017.

Chanteur rabelaisien, Johnny Hallyday vit à cent à l'heure. Depuis ses problèmes de santé, il savoure la vie avec encore plus d'intensité qu'avant. Les nouveaux albums s'enchaînent : *Rester Vivant*, le 17 novembre 2014, et *De l'amour*, le cinquantième album, qui est publié le 13 novembre 2015. Un sinistre jour pour la France, frappée par des attentats meurtriers en plein cœur de Paris. Le lendemain, en concert à Strasbourg, Johnny dédie son spectacle aux victimes et à leurs familles avant d'observer une minute de silence avec le public. À plusieurs reprises, durant les quatre-vingt-dix dates de cette tournée baptisée « Rester Vivant Tour », Johnny fera référence aux terribles attentats qui ont touché la France à cette période. Une de ses nouvelles chansons fait d'ailleurs référence à l'élan républicain du 11 janvier 2015, qui a rassemblé plus de un million et demi de personnes à Paris, en réaction aux attentats meurtriers du mois de janvier.

Tout en terminant cette tournée, au mois de juillet 2016, Johnny tourne un nouveau long-métrage sous la direction de Claude Lelouch, un film intitulé *Chacun sa vie*, aux côtés de Jean Dujardin, Béatrice Dalle, Antoine Duléry, Kendji Girac, etc. Ce film sort sur les écrans le 15 mars 2017, mais Johnny ne peut en assurer la promotion. Des rumeurs alarmantes circulent alors sur l'état de santé du chanteur, qui décide lui-même d'annoncer sur Facebook qu'il se bat avec détermination contre un cancer diagnostiqué quelques mois plus tôt.

Une nouvelle fois, la France est en émoi à la suite de cette révélation.

Charles Trenet disait qu'un artiste ne fait jamais ses adieux. Le public décide de tout, même du dernier tour de piste. Celui de Johnny est impensable, inimaginable, tant l'amour est partagé.

À la vie, à la mort, Johnny Hallyday est une idole à perpétuité. ■

Viens danser le twist

LET'S TWIST AGAIN !

En septembre 1961, Johnny Hallyday popularise une nouvelle danse venue d'Amérique qu'on appelle le twist. Avec son adaptation française du hit de Chubby Checker, « Viens danser le twist », Johnny devient le chantre de ce véritable phénomène de société qu'est le twist.

Lors d'un séjour aux États-Unis, Lee Hallyday, le mari de la cousine de Johnny, tombe, en juin 1961, sur une chanson qui triomphe alors sur toutes les radios, et qui a pour titre : « Let's Twist Again ». Cette chanson, écrite par Kal Mann et Dave Appell, est interprétée par le jeune chanteur Chubby Checker. Elle s'accompagne d'une danse qu'on appelle le twist et qui provoque un engouement sans précédent auprès du grand public américain.

De retour en France, Lee Hallyday est bien décidé à importer cette nouvelle danse. Il en parle alors chez Philips, où il est directeur artistique, et il suggère à Johnny Hallyday d'adapter « Let's Twist Again » en français, histoire de populariser cette nouvelle danse chez nous.

L'écriture des paroles françaises est confiée à Jil et Jan, à qui l'on doit déjà beaucoup de succès pour André Claveau, Lucienne Delyle, Maurice Chevalier et tant d'autres. Ils créent alors « Le twist est là ». Pourtant, cette version ne sera pas retenue car, préalablement, l'éditeur de la chanson originale avait déjà demandé un texte en français au parolier Georges Gosset. Et c'est le texte de ce dernier, intitulé « Viens danser le twist », qui a été déposé en premier. Du coup, c'est cette version que Johnny Hallyday sort en 45 tours, le 25 septembre 1961. La chanson comporte une seconde partie en anglais.

Pour la petite histoire, Lee Hallyday va profiter, comme prévu, du succès de la chanson pour répandre le twist en France et l'enseigner au public. Le twist français version Lee Hallyday n'aura pas grand-chose à voir avec le twist américain, mais il aura autant de succès. À la même période, d'autres artistes, comme Richard Anthony, Vince Taylor, les Chats Sauvages… enregistrent aussi « Viens danser le twist » et contribuent également à populariser cette nouvelle danse en France. ■

"La première version s'appelait 'Le twist est là'"

Vingt quatre mille baisers

LE TRIOMPHE DU FESTIVAL DE SANREMO

Au printemps 1961, Johnny Hallyday connaît un nouveau succès avec l'adaptation d'une chanson italienne qui a triomphé au Festival de Sanremo. « 24 000 baisers » devient alors, pour les fans de Johnny, un véritable hymne d'amour.

Le vendredi 27 janvier 1961, lors du célèbre Festival italien de Sanremo, la chanson « 24 mila baci », interprétée et composée par Adriano Celentano, sur un texte de Piero Vivarelli et Lucio Fulci, fait un triomphe.

Parmi les quarante-deux chansons représentées lors de ce festival réputé pour être une pépinière de tubes, « 24 mila baci », défendue par deux interprètes, son compositeur, Adriano Celentano, mais aussi un rocker italien, Little Tony, arrive à la deuxième place des votes du jury.

Souvent, les chansons primées lors du Festival de Sanremo font l'objet de nombreuses reprises. C'est le cas de « 24 mila baci ». En France, l'éditeur de la chanson accorde les droits d'adaptation à Dalida, Frankie Jordan, Bob Azzam et bien sûr à Johnny Hallyday. Les paroles françaises sont signées par Fernand Bonifay, déjà auteur de « Souvenirs, souvenirs ».

Devenu, en français, « 24 000 baisers », la chanson, interprétée par Johnny Hallyday, sort en 45 tours, le 1er mars 1961, et se propulse rapidement en tête des hit-parades. ■

“La chanson a été composée à l'origine par Adriano Celentano”

L'Idole des jeunes

UNE MARQUE DE FABRIQUE…

En octobre 1962, Johnny Hallyday adapte une chanson américaine qui va servir sa légende. Intitulé « L'Idole des jeunes », ce titre va permettre au jeune chanteur de conquérir tous les publics, y compris ceux qui jusqu'alors lui étaient hostiles. Gros plan sur cette ballade qui est devenue l'hymne d'une génération…

Bien qu'en 1962 Johnny Hallyday soit déjà l'un des artistes français qui vend le plus de disques, il ne fait pas encore l'unanimité, surtout chez les parents de ses fans. Son côté rocker blouson noir ne rassure pas les familles, et les nombreuses bagarres qui se sont déroulées lors de sa grande tournée estivale n'ont fait qu'accentuer leurs craintes. À la rentrée 1962, Johnny enregistre de nouvelles chansons pour son nouveau 45 tours. Parmi les quatre titres choisis, il y a une reprise d'un succès américain de Ricky Nelson, un chanteur et acteur qui a joué aux côtés de John Wayne, dans le célèbre western *Rio Bravo*. Pourtant, au départ, Ricky Nelson avait beaucoup hésité à enregistrer cette chanson car il trouvait prétentieux de s'autoproclamer idole des jeunes. C'est son père et manager, Ozzie Nelson, qui l'avait fait changer d'avis. « Teenage Idol » a été un immense succès au Billboard américain, si bien que Johnny et son équipe décident de l'adapter en français.

En français, sous la plume de Sam Bernett, « Teenage Idol » devient « L'Idole des jeunes » et raconte le quotidien d'une star adulée par le public mais bien seule dans sa vie personnelle. Ce titre colle parfaitement à Johnny, qui en mesure toute la force lorsqu'il l'interprète, lors de son passage à l'Olympia, du 25 octobre au 12 novembre 1962. La chanson vient à peine de sortir aux disques Philips, et déjà ses fans la connaissent et la reprennent en chœur. Et cette ballade pleine d'émotion va aussi permettre à Johnny de lisser son image auprès d'un public qui jusqu'alors était hermétique à son univers et à ses déhanchements sur scène. « L'Idole des jeunes » obtient un grand succès et permet à Johnny de conquérir un large public, même les plus récalcitrants. Plus qu'une simple chanson, « L'Idole des jeunes » devient véritablement la marque de fabrique de Johnny Hallyday. Pour ses cinquante ans, au Parc des Princes, le 15 juin 1993, le chanteur reprend le titre sur scène pour le plus grand plaisir de ses nombreux fans, qui ont retrouvé ce soir-là leurs vingt ans. ■

> *“La reprise d'un morceau de Ricky Nelson”*

Gibson

Retiens la nuit

LE TEMPS DES SURPRISES-PARTIES

Au début de l'année 1962, la jeunesse française flirte, dans les surprises-parties, sur la nouvelle chanson de Johnny Hallyday, « Retiens la nuit ». Gros plan sur ce slow langoureux, extrait d'un film culte pour toute une génération.

Après s'être produit en première partie de Raymond Devos, à l'Alhambra de Paris, en septembre 1960, Johnny Hallyday passe un an plus tard sur la scène de l'Olympia, en vedette. Et c'est en assistant à ce spectacle que l'idée de « Retiens la nuit » va naître dans l'esprit de Charles Aznavour. À l'issue du tour de chant, Charles se retrouve dans la loge de Johnny pour le féliciter, en apportant simplement un petit bémol, principalement à cause de la pauvreté des textes des chansons de la jeune idole. Il confie à Johnny : « Tu chantes très bien sur des musiques rythmées, mais ce serait encore mieux, avec de bons textes sur des ballades tendres. » Et c'est ainsi que Johnny Hallyday et Charles Aznavour vont décider de travailler ensemble.

Avec son fidèle complice et futur beau-frère, le compositeur Georges Garvarentz, Aznavour va alors créer « Retiens la nuit », un langoureux slow que Johnny Hallyday enregistre, le 4 novembre 1961, au studio Blanqui, à Paris. Désormais en contrat avec les disques Philips, Johnny Hallyday va connaître un immense succès avec « Retiens la nuit ». Cette fois, non seulement ce sont les jeunes qui s'intéressent à lui, mais aussi un public plus familial qui découvre, avec cette chanson, une autre facette du personnage.

Pour la petite histoire, « Retiens la nuit » est incluse dans une des séquences du film *Les Parisiennes*, sorti sur grand écran, le 17 janvier 1962. Dans une des quatre parties du film, intitulée « Sophie », réalisée par Marc Allégret, sur un scénario co-écrit par Roger Vadim, Johnny Hallyday joue le rôle d'un certain Jean Allard qui charme la belle Sophie, incarnée par Catherine Deneuve, en lui interprétant « Retiens la nuit », dans un coin de cuisine. Cette scène devenue culte a beaucoup contribué au succès de la chanson. ■

"Le fruit de la complicité entre Johnny et Aznavour"

Tes tendres années

UNE GRANDE BALLADE COUNTRY

Johnny Hallyday a toujours adoré le rock, mais aussi la country music. En 1963, il adapte d'ailleurs « Tender Years », une célèbre ballade country dont il va faire un succès en France, sous le titre « Mes tendres années ».

Du 17 au 20 février 1962, Johnny Hallyday se rend pour la première fois à Nashville, pour enregistrer seize grands standards du rock et de la country, dans leurs versions originales en anglais, au Studio Bradley Recording. Parmi ces seize chansons, il y a une ballade country intitulée « Tender Years », écrite par Darrell Edwards et enregistrée par un des grands noms de la musique country américaine : George Jones, en avril 1961, qui en a fait un énorme succès, classé trente-deux semaines dans le hit-parade de country américain. Bien qu'enregistrée en anglais, « Tender Years » ne figurera pas sur le troisième album studio de Johnny Hallyday, *Sings America's Rockin'Hits*, qui sort en France, le 20 avril 1962. Cette version sortira seulement sur un 45 tours aux Pays-Bas.

Pour la France, Johnny Hallyday enregistre la chanson, mais avec des paroles en français signées Ralph Bernet. Le 45 tours arrive dans les bacs, le 1er mars 1963, et obtient un beau succès. La chanson figurera aussi sur l'album qui sort le 9 avril suivant et qui a pour titre *L'Idole des jeunes*.

Pour la petite histoire, lorsque Johnny Hallyday fête ses cinquante ans au Parc des Princes, du 18 au 20 juin 1993, Sylvie Vartan le rejoint sur scène en lui interprétant « Tes tendres années ». Un grand moment d'émotion qui fait souffler un doux parfum de nostalgie parmi les spectateurs. ■

“Un standard enregistré à Nashville, où Johnny se rend pour la première fois”

Da dou ron ron

L'HISTOIRE D'UN GARÇON DÉSESPÉRÉ

« Da dou ron ron », interprétée par Johnny Hallyday, a été un grand succès durant l'été. Cette adaptation d'une chanson créée par Thes Chrystals, un groupe de quatre jeunes filles noires américaines, a fait l'objet d'une vive bataille, pour l'adaptation française, entre Frank Alamo et Johnny Hallyday. Découvrons les dessous de ce tube yé-yé.

Le 11 mai 1963, la version originale de « Da dou ron ron » se classe dans les premières places du Billboard américain. Cette chanson, enregistrée deux mois plus tôt au Gold Star Studios de Los Angeles, est interprétée par The Chrystals, une formation vocale de quatre jeunes chanteuses noires américaines.

Ce groupe est produit par le célèbre producteur Phil Spector qui, bien avant de défrayer la chronique judiciaire, a inventé le fameux style *Wall of Sound*, qui consiste à mettre les voix des chanteurs en arrière-plan pour privilégier la musique. Ce titre devient un énorme hit, si bien que les chanteurs yé-yé français et leur entourage se disputent les droits d'adaptation. Au milieu d'un planning surchargé entre tournées et tournage d'un film, Johnny Hallyday trouve le temps d'enregistrer « Da dou ron ron », adaptée en français par le parolier Georges Aber. Cette version raconte l'histoire d'un garçon désespéré qui vient d'être quitté par sa petite amie et qui a du mal à s'en remettre, même s'il fait tout pour ne pas le montrer.

Un peu avant Johnny, un autre chanteur, Frank Alamo, enregistre lui aussi cette adaptation française. Cette situation a bien failli provoquer une violente bagarre entre les deux artistes. Johnny reprochant à Alamo de lui faire un sale coup en enregistrant la chanson et Alamo insistant sur le fait qu'il avait été le premier à la trouver et à signer les droits d'adaptation. Finalement, les deux versions auront du succès et se vendront autant l'une que l'autre.

Pour la petite histoire, la petite Adeline, la fille du copain de Johnny, Long Chris, adorait chantonner « Da dou ron ron » lorsqu'elle était enfant. C'est de là que lui viendra plus tard le surnom de Dadou. ■

“Une chanson aussi interprétée par Frank Alamo”

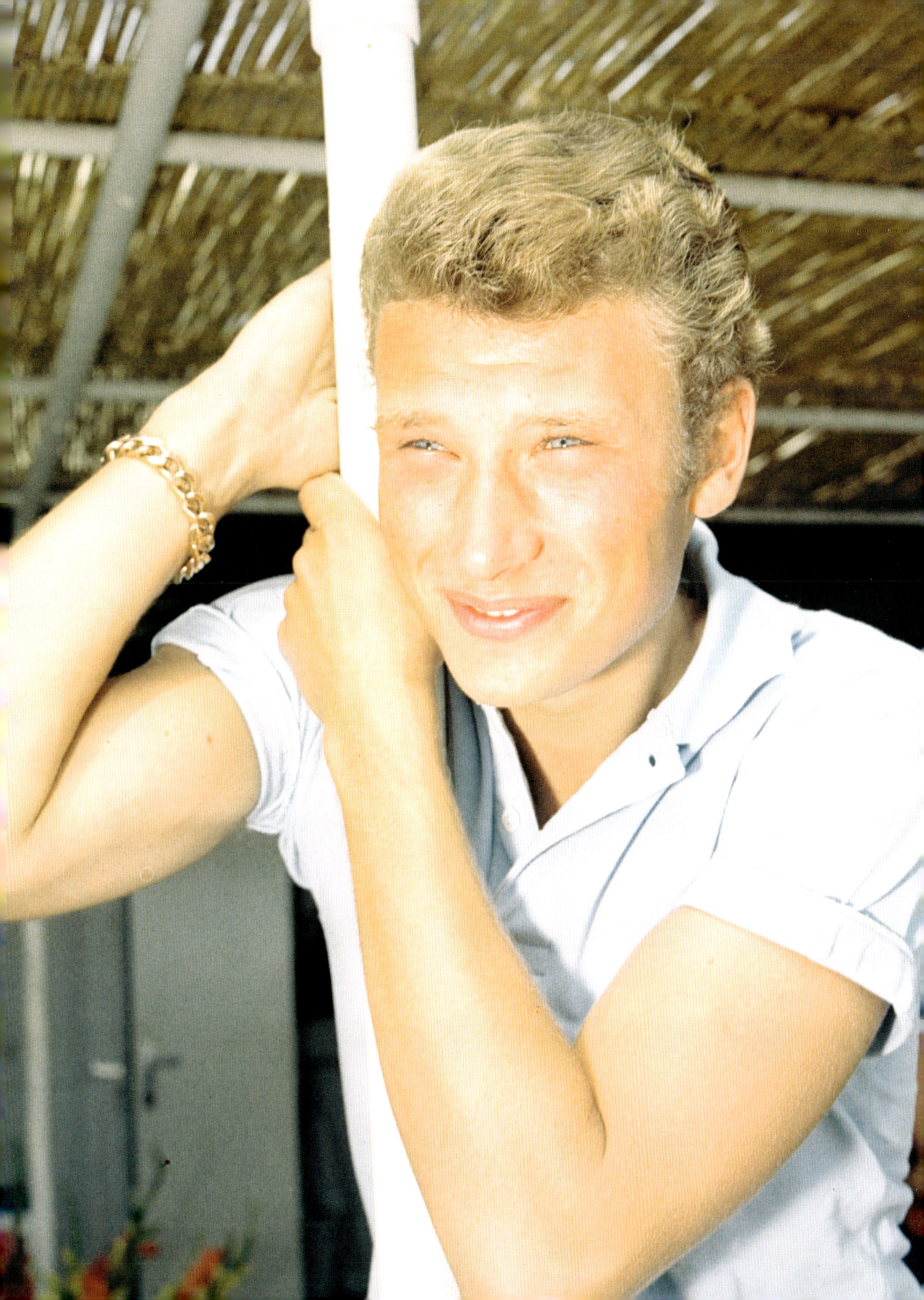

Pour moi la vie va commencer

L'HYMNE D'UNE GÉNÉRATION…

Chanson écrite et composée par Jean-Jacques Debout pour illustrer un film avec Johnny Hallyday, en 1963, « Pour moi la vie va commencer » a été créée dans l'urgence dans un hôtel du sud-ouest de la France. Revenons sur la création de cet hymne pour toute une génération…

Révélé en 1959, grâce à une chanson de Maurice Vidalin et Jacques Datin, « Les Boutons dorés », Jean-Jacques Debout entame une carrière prometteuse. Au début des années 60, Jean-Jacques met ses talents d'auteur-compositeur au profit des idoles yé-yé. En 1962, il écrit et compose notamment « Tous mes copains » pour Sylvie Vartan. Intégré à la bande de Johnny Hallyday à qui il a permis un jour, alors qu'il n'était pas encore star, d'assister à un concert de Gene Vincent, Jean-Jacques Debout obtient, en 1963, un petit rôle aux côtés de la jeune idole des jeunes, dans une comédie policière, *D'où viens-tu, Johnny ?*, réalisée par Noël Howard, qui avait remplacé Abel Gance, hospitalisé après un malaise cardiaque.

Quelques semaines avant le tournage en Camargue, l'éditeur musical de la BO du film, Ray Ventura, demande en urgence à Jean-Jacques Debout d'imaginer une chanson que Johnny Hallyday interprétera dans le film. Au mois de juin 1963, Jean-Jacques Debout rejoint donc Ray Ventura et Johnny Hallyday qui fait halte en pleine tournée, à l'Hôtel de France, à Castelnaudary. Après un copieux cassoulet, Jean-Jacques Debout crée « Pour moi la vie va commencer » sur le piano installé dans le hall de l'hôtel. Pendant qu'il joue la musique, Ray Ventura écrit la partition de la chanson au dos du menu. La patronne des lieux, qui ne supporte pas le bruit et qui veut la tranquillité pour ses clients de passage dans la ville pour la Foire au cuir, lui demande alors de trouver une solution pour ne pas les réveiller. Jean-Jacques se résout à réquisitionner le peignoir en éponge de Johnny et toutes les serviettes de bain de l'hôtel et à les placer sur les cordes du piano afin d'étouffer le son. Ainsi naît cette chanson qui va devenir un véritable hymne pour toute une génération en quête de liberté et de fureur de vivre… ■

“En une nuit, Jean-Jacques Debout compose la chanson”

Le Pénitencier

LA MAISON CLOSE DEVIENT MAISON D'ARRÊT !

À la fin de l'été 1964, c'est une chanson du soldat Johnny Hallyday qui caracole en tête du hit-parade de *Salut les Copains*. Pour les dix-huit millions de jeunes Français de l'époque, « Le Pénitencier » devient la chanson emblématique de cette génération qui veut désormais exister dans la société.

C'est Bob Dylan qui, en 1961, a remis au goût du jour une complainte traditionnelle de negro spiritual, « The House of the Rising Sun ». Le jeune Dylan s'intéressant alors à la folk song diffusée dans les bars de Greenwich Village, à New York, il reprend ce titre de gospel pour suivre la mode du moment, qui est de donner des inflexions noires à des chansons de Blancs.

La chanson n'est pas un succès sur le territoire américain, mais elle réussit à traverser l'Atlantique. Fasciné par le rythm'n'blues en provenance des États-Unis, le groupe rock The Animals, mené par le chanteur Eric Burdon, s'empare de la chanson de Dylan et l'enregistre. Avec des sonorités nouvelles de guitares électriques, la version des Animals se place très vite en tête de tous les classements en Angleterre, le 9 juillet 1964, mais aussi aux États-Unis et dans plus de dix-neuf pays européens, dont la France. La chanson est alors adaptée en français par Hugues Aufray et Vline Buggy, pour Johnny Hallyday.
L'histoire de cette version française commence véritablement le 8 mai 1964, le jour où le soldat de deuxième classe Jean-Philippe Smet incorpore le 43e régiment blindé d'infanterie de marine à Offenburg, en Allemagne. Afin d'éviter les photographes, il rejoint sa caserne dans la nuit, où il entend à la radio la chanson « The House of the Rising Sun », interprétée par The Animals. Johnny, qui ne souhaite pas abandonner sa carrière de chanteur, téléphone à son ami Hugues Aufray pour que ce dernier adapte cette chanson en français. Dans la version anglaise, l'idole des jeunes adore le solo de l'organiste Alan Price. Hugues Aufray est ravi de la demande, lui qui a déjà adapté Dylan en chanson, en mai 1963, et qui le fera venir chez lui, rue Censier, à Paris, le 1er juillet 1964. Ainsi, avec la parolière Vline Buggy et sous la plume d'Hugues Aufray, la chanson originale devient en français « Le Pénitencier ». La maison close décrite dans la version anglaise devient donc, pour Hallyday, maison d'arrêt. Pour l'anecdote, c'est d'ailleurs pendant une permission que Johnny enregistre la chanson. Et grâce à la direction artistique d'Eddie Vartan, le frère de Sylvie, une section de cuivres, saxos et trombones donnera tout le dynamisme au titre. Le disque 45 tours « Le Pénitencier » de Johnny Hallyday, sur lequel il apparaît en tenue militaire, sort à la fin de l'été 1964. Cette nouveauté se retrouve très vite en tête du hit-parade de *Salut les Copains*, presque en même temps que la version anglaise du groupe The Animals. C'est au total plus d'un million de fans de Johnny qui s'arrachent la chanson. Une version qui vendra deux fois plus que le disque anglais sur le territoire français.

Pour la petite histoire, « Le Pénitencier » est considéré dans la carrière de l'idole des jeunes comme une chanson symbole de son répertoire. Selon Hugues Aufray, avec cette chanson, Johnny Hallyday a définitivement troqué sa veste à paillettes contre un blouson noir et changé sa mobylette en Harley Davidson pour rejoindre Marlon Brando dans *L'Équipée sauvage* ! ■

Quand revient la nuit

JOHNNY AU SERVICE MILITAIRE

Succès de l'été 1965, « Quand revient la nuit » est l'adaptation française d'un célèbre hit américain. Dans cette chanson, Johnny Hallyday évoque son statut de soldat, séparé de sa bien-aimée, Sylvie Vartan. Une situation dans laquelle se retrouvent de nombreux couples séparés par les obligations militaires.

La force d'une chanson, c'est quand elle aborde la vie de son interprète. C'est le cas ici, avec ce titre qui évoque la séparation de Johnny Hallyday et de sa jeune épouse Sylvie Vartan pour cause de service militaire.

C'est le 10 mai 1964 que Johnny Hallyday est devenu sergent au 43e régiment d'infanterie de marine, à Offenbourg, en Allemagne. À cette époque, le service militaire dure quinze mois. Johnny vit alors, et depuis deux ans, une belle et très médiatique histoire d'amour avec la chanteuse Sylvie Vartan, qu'il a rencontrée dans les coulisses de l'Olympia, en décembre 1961, lors du concert de Vince Taylor. Toute une génération se reconnaît dans ce couple emblématique. Le lundi 12 avril 1965, profitant d'une permission de douze jours, Johnny Hallyday épouse Sylvie Vartan à Loconville, tous deux entourés de deux mille fans et de cent quatre-vingts journalistes. Ils s'envolent ensuite en voyage de noces à Las Palmas, aux îles Canaries. De retour en France, Johnny Hallyday repart en Allemagne pour terminer son service militaire et Sylvie Vartan lance sa propre collection de prêt-à-porter et inaugure son premier fan club. Cette séparation forcée va inspirer le célèbre parolier Georges Aber, chargé d'adapter en français un tube américain intitulé « Mr. Lonely », créé quelques mois plutôt par Bobby Vinton, le chanteur romantique qui a remporté le plus de succès de toute l'histoire du rock'n'roll. Dans l'adaptation française, l'auteur, qui écrira en totalité quarante-sept chansons pour Johnny, compose des paroles sur mesure qui évoquent la situation de soldat du chanteur, séparé de celle qu'il aime. Une belle chanson de circonstance qui sort en super 45 tours, le 14 mai 1965. Beaucoup de jeunes couples se reconnaissent dans ce titre qui, de fait, devient rapidement un grand succès. Il figurera aussi sur le sixième album studio de Johnny Hallyday, *Hallelujah*, qui paraît le 9 juillet 1965. ■

“Une belle et très médiatique histoire d'amour”

Cheveux longs et idées courtes

LES ÉLUCUBRATIONS D'ANTOINE

Une rivalité entre deux chanteurs peut parfois donner lieu à un immense tube. C'est le cas, ici, avec la chanson « Cheveux longs et idées courtes », enregistrée par Johnny Hallyday, au printemps 1966. Découvrons les coulisses de ce titre, né d'une rivalité entre deux idoles.

Après son retour du service militaire, au mois d'août 1965, Johnny Hallyday peine à renouer avec le succès de ses débuts. Ses nouvelles chansons ont du mal à s'imposer et sa popularité n'est plus ce qu'elle était. En avril 1966, un jeune artiste prénommé Antoine débarque sur les ondes avec une chanson provocante intitulée « Les Élucubrations d'Antoine ».

Antoine est le nouvel artiste phare de la maison de disques Vogue. Avec ses cheveux longs et ses chemises à fleurs, il incarne la jeunesse, la rébellion et le renouveau de la chanson française. Son manager n'est autre que Georges Leroux, le premier manager de Johnny lorsqu'il était chez Vogue, entre 1960 et 1961.

Dans sa chanson qui devient un immense succès, Antoine voudrait mettre Johnny Hallyday en cage, à Medrano. Énervé, ce dernier décide de réagir en chanson et d'adapter librement, avec Gilles Thibaut, le titre « My crucified Jesus », du chanteur belge, folk beatnik Ferre Grignard. La chanson devient « Cheveux longs et idées courtes ».

L'entourage de Johnny n'est pas du tout favorable à sortir ce disque qui, selon eux, risque de lui donner un sérieux coup de vieux. Pourtant, Johnny insiste et il a bien raison. « Cheveux longs et idées courtes » devient un grand succès qui reste classé, pendant vingt-quatre semaines, aux premières places des hits et permet à Johnny de revenir au premier plan. ■

"Antoine veut mettre en cage Johnny à Medrano"

Noir c'est noir

APPEL AU SECOURS

En septembre 1966, Johnny Hallyday a déjà vendu vingt millions de disques en France. Il est une sorte de demi-dieu moderne qui s'offre à l'adoration des foules et sa tentative de suicide n'est pas étrangère au succès de « Noir c'est noir ». Ce succès adapté d'un standard de la musique noire américaine restera cinq semaines aux premières places des hit-parades.

Tout au début de l'année 1966, le groupe espagnol Los Bravos et son chanteur allemand Michael Kogel enregistrent « Black is Black ». Ce groupe triomphe dans toutes les capitales d'Europe. Johnny Hallyday, qui enregistre la plupart de ses succès en Angleterre, entend régulièrement ce titre à la radio. Il demande immédiatement à sa maison de disques de pouvoir adapter cette chanson en français. Le temps d'obtenir les accords, le temps d'écrire un texte signé Georges Aber et le temps de réserver le studio d'enregistrement entre les dates d'une grande tournée d'été, Johnny pose sa voix et hurle enfin sa colère sur bande, aux premiers jours de septembre.

C'est une période difficile pour l'idole des jeunes. À vingt-trois ans, Johnny est en pleine dépression nerveuse, ses ventes de disques baissent depuis plusieurs mois, il a des ennuis d'argent avec le fisc qui lui réclame trois ans d'impôts, et côté cœur, on parle de divorce avec Sylvie Vartan. Bref… Johnny Hallyday se remet en question. Salvatore Adamo est devenu le chanteur préféré des Français et Antoine, avec ses « Élucubrations », a déstabilisé l'invincible Johnny !

Rentré de Londres dans la soirée du 10 septembre 1966, le chanteur souhaite mettre fin à ses jours. Il s'enferme dans sa salle de bain, se taille les veines à six endroits au poignet droit, avale des barbituriques et boit une bouteille d'eau de Cologne. Découvert inanimé à son domicile de Neuilly, par son secrétaire, il est emmené discrètement dans le coffre d'une voiture par le docteur Bellaïche. Johnny est sauvé de justesse et reste une semaine à l'hôpital Lariboisière. Pendant ce temps, sa maison de disques Philips publie d'urgence le disque 45 tours deux titres « Noir c'est noir ». La chanson se retrouve très vite en tête de tous les hit-parades. Le public français est ému et ne comprend pas ce geste de désespoir. Comme pour venger leur idole, ses fans achètent le disque par centaines de milliers. Le succès revient et Johnny Hallyday reprend sa première place dans le cœur des Français !

Pour l'anecdote, nombre de ses détracteurs affirmaient à l'époque que cette tentative de suicide était organisée commercialement par la maison de disques au moment du lancement de la chanson « Noir c'est noir ». Un joli coup de pub pour certains… Mais en tout cas, un vrai appel au secours ! ■

Mon fils

EN DIRECT DU FAR WEST AMÉRICAIN

De la Touraine à la Camargue, en passant par la Côte d'Azur et Paris, découvrons l'histoire de « Mon fils », une chanson enregistrée par Johnny Hallyday à la rentrée 1967.

L'histoire de la chanson « Mon fils » commence véritablement le jour où Eddie Barclay organise un séminaire dans lequel il invite de nombreux auteurs et compositeurs expérimentés. Seules deux femmes, dont la parolière Vline Buggy, participent à ces réunions de travail qui se déroulent au château d'Artigny, près de Tours.

C'est là que Vline rencontre l'auteur Ralph Bernet et, ensemble, ils vont élaborer le début du texte d'une nouvelle chanson pour Johnny Hallyday. Quelques semaines plus tard, Ralph Bernet part en Camargue rejoindre le compositeur Jacques Revaux. Tous deux s'isolent alors dans un ranch, pendant une semaine, pour créer de nouvelles chansons pour Johnny Hallyday.

De retour à Paris avec cinq nouvelles compositions dans leurs bagages, ils enregistrent ensuite des maquettes au Théâtre des Champs-Élysées.

Une fois ces enregistrements terminés, ils se rendent à Cannes pour les faire écouter à Johnny Hallyday, qui est alors en pleine tournée d'été et qu'ils retrouvent à l'hôtel Majestic. En découvrant les cinq morceaux qui lui sont proposés, dont « Mon fils », Johnny accepte de les enregistrer.

Ainsi, la chanson « Mon fils » figurera en face B du 45 tours « San Francisco », qui sort le 20 octobre 1967. Il figurera aussi, quelques semaines après, au programme du spectacle de Johnny Hallyday au Palais des Sports de Paris, où il esrt accompagné de l'orchestre The Blackburds.

Même si, au moment de la sortie de cette chanson, Johnny Hallyday est un jeune papa, il ne s'agit en aucun cas d'un titre qui fait référence à son fils, David, né le 14 août 1966.

Le titre « Mon fils » est en fait une chanson qui vante les valeurs de la légitime défense du Far West américain et de l'honneur des hommes qui protègent leurs terres et leurs familles, parfois au péril de leur vie.

Pour la petite histoire, au départ, la parolière de la chanson, Vline Buggy, voulait l'intituler « Ma fille ». Finalement, elle changera d'avis et optera pour « Mon fils ». ■

"Écrite dans un ranch de Camargue"

San Francisco

EN PLEINE ÉPOQUE FLOWER POWER

En octobre 1967, Johnny Hallyday se met à l'heure Peace and Love en reprenant, en français dans le texte, « San Francisco », la célèbre chanson américaine interprétée par Scott McKenzie. Découvrons les secrets de ce virage pop and love.

Johnny Hallyday reste un éternel rocker, mais il n'empêche qu'à la fin des années 60 il s'intéresse au mouvement hippie apparu en Californie, aux États-Unis, avant de déferler sur toute l'Europe. L'un des hymnes de ce courant de contre-culture s'intitule « San Francisco ». Il est interprété par le chanteur américain Scott McKenzie. Cette chanson est écrite par John Phillips, membre leader du célèbre groupe rock The Mamas & the Papas pour promouvoir le Festival de music pop de Monterey, qui se déroule en juin 1967.

Durant l'été 1967, ce titre connaît un immense succès à travers le monde. Aux États-Unis, bien sûr, où il est joué lors du Festival Summer of Love de San Francisco et se classe à la quatrième place du Billboard Hot 100, mais aussi dans toute l'Europe.

À la rentrée, et avant son passage au Palais des Sports, Johnny Hallyday et son équipe décident d'adapter en français cette chanson symbole de la génération Peace and Love. Georges Aber écrit un texte en français. Le super 45 tours, avec « San Francisco » en titre principal, sort le 20 octobre 1967. Sur la pochette, on découvre une photo réalisée par Georges Chatelain, sur laquelle Johnny Hallyday porte la parfaite panoplie du hippie, devant un fond de fleurs jaunes. Un nouveau look imposé par sa maison de disques Philips, comme l'expliquera plus tard Johnny dans des interviews. Certains reprocheront à Johnny de céder à la mode hippie, pourtant, en écoutant bien le texte de la chanson, on comprend qu'il est solidaire et spectateur de ce mouvement, sans nécessairement s'y intégrer. ■

"Johnny endosse la parfaite panoplie du hippie"

Je suis né dans la rue

PROCHE DE LA POP BRITISH

Extraite du douzième album studio de Johnny Hallyday, « Je suis né dans la rue » est sortie en 45 tours, le 4 août 1969. Découvrons la genèse de cette chanson autobiographique qui est devenue un grand classique du répertoire de Johnny.

Pour bien comprendre l'histoire de « Je suis né dans la rue », il faut évoquer deux musiciens anglais, auteurs-compositeurs qui ont été très importants dans la carrière de Johnny Hallyday.

Il s'agit du guitariste Micky Jones et du batteur Thomas F. Brown. Tous les deux ont commencé leur carrière dans un groupe baptisé Nero and the Gladiators qui a eu deux petits succès en Angleterre, au début des années 60. Après la séparation du groupe, Micky et Thomas viennent travailler en France. Ils accompagnent notamment Dick Rivers, Eddie Vartan et sa sœur, Sylvie Vartan, pour qui ils composent aussi des chansons, dès 1964.

Lorsque Johnny Hallyday revient du service militaire, au mois d'août 1965, il sait qu'il doit prendre un virage musical. Afin de rester dans l'air du temps, il souhaite se rapprocher de la pop british des Beatles et des Rolling Stones. C'est pour cela qu'il fait appel aux deux musiciens anglais de sa femme, pour l'accompagner. Micky et Thomas commencent donc à travailler avec Johnny sur l'album *La Génération perdue*, qui sort le 19 octobre 1966.

À la fin de l'année 1968, leur collaboration avec Johnny Hallyday continue avec la complicité du producteur des Stones, Glyn Jones. Ils produisent le douzième album studio de Johnny, intitulé : *Rivière... ouvre ton lit.*

« Je suis né dans la rue » est la dixième chanson de cet album, composée par Micky Jones et Thomas F. Brown. C'est l'ami de Johnny, Christian Blondieau, alias Long Chris, qui écrit des paroles sur mesure pour l'idole qui parle de sa naissance, de sa vie, de son parcours. Le titre sort en face B du 45 tours, sur lequel figure un autre grand hit, « Que je t'aime ».

Rapidement, « Je suis né dans la rue » connaît un grand succès et devient un véritable hymne pour tous les aficionados de l'artiste. ■

"C'est le douzième album studio de Johnny"

Que je t'aime

LE COUP DE CŒUR DE JOHNNY

De tous les immenses tubes qui ont jalonné la longue carrière de Johnny Hallyday, « Que je t'aime », en 1969, est certainement l'un des plus marquants. Sur une musique composée à la base pour un autre texte, la chanson a connu la gloire grâce à un show pour la télévision…

En plein mois de mai 1968, tandis que Paris est en pleine agitation, quelque part à Provins, rue Saint-Thibault, le compositeur Jean Renard met en musique un texte de l'auteur Gilles Thibaut, qu'il destine à Johnny Hallyday et qui s'intitule « Ceux que l'amour a blessés ».

Quelques jours plus tard, à Londres, Jean Renard retrouve Johnny Hallyday, qui lui parle d'un autre texte de Gilles Thibaut qu'il adore et qui a pour titre « Que je t'aime ». Jean récupère ce texte et se remet donc au travail.

Très vite, il se rend compte que s'il enlève les *Que je t'aime*, la musique qu'il avait créée pour « Ceux que l'amour a blessés » peut très bien coller avec l'autre texte de Gilles. Il relègue donc les *Que je t'aime* dans le refrain et décide de se servir de sa précédente composition pour habiller le reste du texte.

Quelque temps après, quand Johnny entend pour la première fois « Que je t'aime » chez Jean Renard, au 46 rue Richer, il est immédiatement séduit. Malgré le coup de cœur du chanteur, ce titre va pourtant rester plusieurs mois dans un tiroir. C'est la participation de Johnny Hallyday à une émission de Maritie et Gilbert Carpentier qui va permettre à la chanson d'exister. Johnny devant faire huit titres dans ce show, et Maritie n'étant pas très enthousiasmée par les chansons de son nouvel album, elle demande à Jean Renard s'il n'a pas une nouveauté. Il repense alors à « Que je t'aime ».

La productrice, fascinée par ce titre, demande à Johnny de l'enregistrer pour l'émission. Il va le faire et le succès va être tel que sa maison de disques, face à la demande du public, va inclure « Que je t'aime » dans le nouvel album de l'idole, qui se vendra à un million cinq cent mille exemplaires en six mois. ■

"Un titre qui va rester plusieurs mois dans un tiroir"

Ceux que l'amour a blessés

UN ÉCHEC COMMERCIAL

Véritablement adulé, Johnny Hallyday démarre l'année 1970 avec une nouvelle chanson aux sonorités celtiques, imaginée par celui que Johnny surnomme affectueusement *Foxy*, son directeur artistique, Jean Renard. Découvrons l'histoire de cette chanson qui n'a pas eu le succès qu'elle méritait.

Après l'immense succès de son titre « Que je t'aime », sorti en juin 1969, Johnny Hallyday fait un Palais des Sports triomphal et une tournée d'été qui bat des records de vente. Ses fans sont de plus en plus nombreux et chacune des apparitions de l'idole provoque de véritables scènes d'hystérie et beaucoup d'évanouissements.

À la fin de cette année 1969, auréolé de tous ces triomphes, Johnny Hallyday enregistre « Ceux que l'amour a blessés », une nouvelle chanson composée par Jean Renard et écrite par Gilles Thibaut. Soucieux d'apporter de nouvelles sonorités dans l'univers musical de Johnny, Jean Renard a l'idée de s'inspirer de la musique irlandaise et compose donc ce slow, dont l'introduction musicale à la flûte est imaginée par le chef d'orchestre et arrangeur Jean-Claude Vannier.

Le 45 tours sort, le 12 janvier 1970. La photo de la pochette est une photo prise sur scène par le photographe Tony Frank. Sortie entre deux albums très forts de l'artiste, « Ceux que l'amour a blessés », en dépit de sa qualité et de son côté très moderne, ne connaît pas un grand succès commercial. Cette chanson passe relativement inaperçue.

Une version italienne intitulée « Quando l'amore se ne andra » est également enregistrée sur un texte de Bruno Lauzi. ■

“Un slow inspiré du folklore irlandais”

On me recherche

LA FACE B DE JÉSUS-CHRIST

Chanson sortie au printemps 1970, « On me recherche » s'inspire d'un titre interprété par le chanteur américain Johnny Cash, l'année précédente. Partons à la recherche des origines de cette chanson venue d'Amérique.

Pour bien comprendre l'histoire de cette chanson, il faut revenir au 4 juin 1969. Ce jour-là, le chanteur américain Johnny Cash se produit sur scène pour les détenus de la prison d'État de Saint-Quentin, en Californie. Parmi les chansons qu'il interprète figure « Wanted Man », un titre de circonstance qu'il a créé avec l'auteur-compositeur Bob Dylan. Cette chanson connaît un tel succès que, quelques mois après, Johnny Hallyday décide de la reprendre. Le journaliste, écrivain et réalisateur Philippe Labro écrit alors un texte en français qui reprend l'idée originale d'un homme recherché par la police, en remplaçant les villes et les États américains par des villes et des régions de France.

« On me recherche » figurera en face B du 45 tours « Jésus-Christ », qui sort le 29 avril 1970. La pochette utilise un portrait de Johnny Hallyday réalisé par le photographe Gilbert Moreau. La particularité de cette photo, c'est qu'elle est faite sur le modèle des photos d'identité judiciaire prises par la police, après des arrestations.
Pour la petite histoire, la version de Johnny Hallyday ne sera pas considérée comme une adaptation du titre de Bob Dylan, pour la simple et bonne raison que Dylan, pour faire la chanson, s'était inspiré d'une mélodie traditionnelle issue du domaine public. ■

“Un texte de Philippe Labro d'après une composition de Bob Dylan et Johnny Cash”

Fils de personne

L'HYMNE PACIFISTE DU VIÊT NAM

Succès de la rentrée 1971, « Fils de personne » permet à Johnny Hallyday de retrouver une nouvelle fois le sommet des hit-parades. Découvrons les secrets de cette adaptation d'un standard de la contre-culture américaine, qui dénonce les dangers de la guerre au Viêt Nam.

Après un album engagé, *Vie,* sorti en novembre 1970, réalisé par Lee Hallyday, dans lequel Johnny abordait les problèmes de la société contemporaine, au début de l'année suivante, il continue dans la même direction. Le journaliste, écrivain et cinéaste Philippe Labro, qui avait écrit cinq titres sur l'album *Vie*, dont « Jésus-Christ », est à nouveau sollicité par Lee Hallyday, mais cette fois pour écrire l'intégralité des chansons du nouvel album de Johnny. En début d'année, l'artiste et son équipe artistique s'envolent pour Londres afin de travailler sur ce nouvel opus à l'Olympic Studios. Philippe Labro fait bien sûr partie du voyage. Pendant toute une semaine, il partage le quotidien de Johnny Hallyday et suit chaque étape des enregistrements. C'est la première fois qu'un même auteur écrit toutes les chansons d'un album pour Johnny. Parmi celles-ci, il y a l'adaptation du titre « Fortunate Son », du groupe de rock américain Creedence Clearwater Revival.

Philippe Labro adapte en français cet hymne pacifiste sorti en pleine guerre du Viêt Nam. L'idée de l'auteur original, John Fogerty, était de dénoncer les enfants des grandes familles américaines qui soutenaient le conflit sans s'y impliquer. C'est le mariage du petit-fils du président Dwight D. Eisenhower avec la fille du président Richard Nixon, en 1968, qui lui avait inspiré la chanson. En gardant donc ce thème des enfants de famille, Philippe Labro prend en français le contre-pied avec « Fils de personne », pour dénoncer les mêmes injustices sociales. La chanson est placée en deuxième position de ce nouvel album, qui sort le 19 juin 1971. Après le succès du premier extrait, « Oh ! ma jolie Sarah », sorti le 5 avril, le 45 tours « Fils de personne » sort le 22 septembre et se retrouve n° 1 dans les hit-parades à partir du 7 octobre. Il restera classé douze semaines et deviendra un nouveau standard dans la carrière de Johnny Hallyday. ■

"Une adaptation du groupe américain Creedence Clearwater Revival"

Oh ! ma jolie Sarah

LA SOLITUDE ET LES AMOURS PASSÉES

En avril 1971, la France découvre la nouvelle chanson de Johnny Hallyday, « Oh ! ma jolie Sarah », qui atteint rapidement les premières places du hit-parade. Revenons à l'origine londonienne de ce titre phare de la carrière de notre rocker national.

L'histoire de la chanson « Oh ! ma jolie Sarah » commence au mois de mars 1971, à Londres. Johnny Hallyday se trouve alors dans la capitale britannique pour enregistrer un nouvel album avec les meilleurs musiciens anglais et américains du moment et les choristes des Rolling Stones. L'auteur et journaliste Philippe Labro, qui a déjà travaillé avec Johnny, l'année précédente, fait partie du voyage. Johnny lui a demandé d'écrire tous les textes de son nouvel album, *Flagrant Délit*. Philippe Labro est donc parti à Londres avec sa machine à écrire et son dictionnaire de rimes sous le bras afin de fournir à Johnny les textes de ses dix nouvelles chansons.

Un soir, Johnny fait écouter à Philippe Labro une mélodie rock composée par Micky Jones et Tommy Brown. Ce dernier l'a d'ailleurs enregistrée sous le titre « Gentle Sarah ». Johnny demande à Labro un texte en français pour le lendemain matin.

Dans la nuit, Labro, qui connaît bien Johnny, lui écrit des paroles sur mesure qui traitent de solitude, de temps et d'amours qui passent inéluctablement. Au petit matin, « Oh ! ma jolie Sarah » est créée.

Johnny l'enregistre le jour même à l'Olympic Studios, célèbre lieu où toutes les stars de la planète comme les Beatles, les Stones ou Led Zeppelin ont gravé des hits.

Produit par Chris Kimsey, « Oh ! ma jolie Sarah » arrive dans les bacs, le 5 avril 1971, en avant-première de l'album *Flagrant Délit*, qui sort le 19 juin.

Très vite, « Oh ! ma jolie Sarah », avec son « riff » de guitare ravageur, se retrouve en tête des hit-parades. Pour promouvoir ce titre, Johnny Hallyday participe à de nombreuses émissions de télévision. Il apparaît alors avec un nouveau look : une combinaison en cuir noir, des cheveux longs, le visage amaigri mais toujours le même sexy déhanché.

Depuis sa création, « Oh ! ma jolie Sarah » est devenu un incontournable des concerts de Johnny Hallyday. En 1993, lors de son mémorable Parc des Princes, Johnny a interprété cette chanson, accompagné à la batterie par son fils, David.

En 2006, dans le cadre de la soirée annuelle des Restos du cœur, Garou, Marc Lavoine, Julien Clerc et Gérard Darmon ont repris « Oh ! ma jolie Sarah ».

Pour la petite histoire, au moment de sa sortie, en avril 1971, le 45 tours « Oh ! ma jolie Sarah » a été édité deux fois car, sur la première pochette, une faute d'orthographe s'était glissée sur le titre de la face B. Du coup, la pochette a été réimprimée, donnant à la première une valeur inestimable pour les collectionneurs. ■

Du 26 septembre au 14 octobre 1971, Johnny Hallyday se produit sur la scène du Palais des Sports de Paris. À la fin du spectacle, Michel Polnareff l'accompagne au piano pour un medley rock'n'roll : *Jenny, Jenny* de Little Richard, *Blue Suede Shoes* de Carl Perkins et *Whole Lotta' Shakin' Goin' On* de Jerry Lee Lewis pour le plus grand plaisir des 6 000 spectateurs, chaque soir.

J'ai un problème

LA MODE DES DUOS D'AMOUR

Réunir, en 1973, Johnny Hallyday et Sylvie Vartan sur disque était une idée lumineuse mais pas forcément facilement réalisable. Grâce à Jean Renard, ce duo, intitulé « J'ai un problème », va se concrétiser et devenir le tube de l'été 1973. Revenons sur les problèmes de création de cette chanson…

Au début des années 70, la mode est au duo. Face aux « Sheila et Ringo » et autres « Stone et Charden », Jean Renard, le directeur artistique de Johnny Hallyday et de Sylvie Vartan, décide, en 1973, de faire chanter ensemble ses deux artistes. L'idée est géniale mais sa concrétisation va se révéler très compliquée. Car après avoir convaincu non sans mal Philips et RCA, les maisons de disques des deux artistes, Jean Renard se met en quête de *LA* chanson qui pourra les réunir. Après de longues discussions, trois titres sont retenus. Le 6 avril 1973, Johnny, Sylvie et toute l'équipe prennent la direction de l'Olympic Studios, à Londres, pour les enregistrements.

Premier problème, l'arrangeur Jean-Claude Vannier, initialement prévu, est en grève, soutenant le mouvement syndical des musiciens de studio. Jean Renard doit donc faire appel à quelqu'un d'autre et choisit Gabriel Yared, alors jeune débutant, qui arrive du Liban. Deuxième problème, après l'enregistrement musical, Jean Renard ne trouve pas les titres assez populaires. Avant de quitter Londres, dans la nuit, il décide donc de créer une quatrième mélodie d'inspiration tango qu'il a imaginée quinze ans plus tôt. Sylvie n'est pas très emballée par cette nouvelle musique qu'elle trouve trop lente et démodée pour l'époque. De retour à Paris, Jean Renard demande à Michel Mallory de trouver un texte pour accompagner cette mélodie. Ainsi naît « J'ai un problème », duo d'amour que Sylvie et Johnny enregistrent sans grande conviction, au studio Davout, à Paris. Pour l'anecdote, le jour de l'enregistrement des deux voix, Johnny Hallyday et Sylvie Vartan, tellement amusés par cette chanson, sont pris de fous rires incontrôlés. Les deux artistes, qui ne parviennent pas à garder leur sérieux ensemble, doivent donc enregistrer les voix séparément pour ne pas se regarder.

Leurs maisons de disques choisissent de sortir finalement ce titre très commercial et redoutablement efficace qui devient le tube de l'été 1973. ■

"Les deux artistes ont enregistré les voix séparément"

Noël interdit

POUR TOUS LES JEUNES EXCLUS

Pour Noël 1973, Johnny Hallyday sort une chanson de circonstance intitulée « Noël interdit ». En s'adressant à tous les jeunes exclus, Johnny devient avec ce titre le porte-parole d'une jeunesse en souffrance. Gros plan sur ce hit classé nº 1 durant toute la fin de l'année 1973.

Noël a souvent été une source d'inspiration pour bon nombre d'artistes. Johnny Hallyday ne déroge pas à cette tradition très en vogue dans les pays anglo-saxons et un peu moins chez nous. En 1973, avec son nouveau complice corse, l'auteur et compositeur Jean-Paul Cugurno, plus connu sous le nom de Michel Mallory, Johnny élabore « Noël interdit ». Cette chanson s'adresse à tous les jeunes exclus, les orphelins, tous les enfants pour qui Noël n'a pas la même saveur que pour la plupart des autres. La chanson est enregistrée sous la direction musicale de Raymond Donnez, à la rentrée 1973. Elle est mixée à Provins, dans le studio de leur directeur artistique, Jean Renard, en présence de Johnny et de Sylvie Vartan.

Le 45 tours sort quelque temps après, le 15 novembre 1973. Sur la photo de la pochette, réalisée par le photographe Tony Frank, on voit Johnny entouré de six jeunes adolescents, parmi lesquels le frère du maquettiste du magazine *Mademoiselle Âge Tendre*. Cette nouvelle chanson devient rapidement un succès, en se classant nº 1 au hit-parade, dès le 3 décembre 1973. Une nouvelle réussite pour le duo gagnant Johnny Hallyday-Michel Mallory qui, pendant dix ans, va enchaîner les triomphes.

Pour la petite histoire, Johnny interprète ce titre lors de son concert pour les détenus du pénitencier de Bochuz, en Suisse, le 28 juin 1974. ■

> ***“Un nouveau succès qui se classe à la première place du hit-parade”***

Une semaine plus tard,
chanson à l'Olympic So
le regard de ses complic
et son fidèle ingénieur
la musique que j'aime »
45 tours « Comme un
distribué par Phonog

To

LA V

Née en C
stand
d

À la fin de la pé
adapte son r
lancée par la
sur scène des shows
ce qu'aucun autre c
En costume lamé, il
semaines et s'install
rang. Au seuil des an
Il s'est lié d'amitié ave
Mallory. Tous deux c
à l'origine du rock'n'ro

L'histoire de la chan
j'aime » commence un
Mallory se trouve en
et, ce soir-là, il prenc
celle sur laquelle il a
accords. Il retient que
seize premières mesu
n'a rien sous la main
pour conserver cette
dans son carnet de té
et il lui faudra plus d'u
fameuse ligne mélodi
dans la capitale, Mich

Hey, Lovely Lady

UNE TERRE PROMISE ?

En avril 1975, Johnny Hallyday et son complice Michel Mallory signent une chanson aux sonorités country : « Hey, Lovely Lady ». Découvrons la genèse de ce titre enregistré à Nashville.

Après avoir enregistré son précédent album à Memphis, au printemps 1975, Johnny Hallyday investit l'autre place forte du rock américain, Nashville, pour y réaliser son 20e album. Ce n'est pas la première fois que Johnny travaille dans cette ville du Tennessee. Il y était déjà venu, en 1962, pour son troisième album, *Sings America's Rockin'Hits*. C'est toujours un plaisir pour lui de retrouver ce berceau de la musique qu'il aime. Avec ses deux paroliers, Michel Mallory et Long Chris, Johnny s'envole donc pour Nashville, afin de préparer un nouveau disque aux sonorités country rock avec Shelby Singleton.

Par rapport à l'album précédent, *Rock à Memphis*, qui ne rassemblait que des adaptations de standards du rock'n'roll, pour son nouveau disque 33 tours, enregistré au Singleton Sound Studio de Nashville, Johnny enregistre plusieurs compositions originales aux sonorités country, comme « Hey, Lovely Lady », qu'il co-signe avec Michel Mallory.

“Une composition originale aux sonorités country”

Cette chanson sort en 45 tours, le 14 avril 1975, bien avant l'album *La Terre promise*, sur lequel elle figure, qui n'arrive dans les bacs que le 17 septembre. ■

Gabrielle

THE KING IS DEAD

Lors du passage de Johnny Hallyday sur la scène du Palais des Sports de Paris, ses fans reprennent en chœur son dernier succès, « Gabrielle ». La foule lève les bras et croise les poignets lorsque l'idole hurle : « J'ai refusé, mourir d'amour enchaîné ! ». Revenons sur la genèse de cette chanson venue d'Angleterre !

L'histoire de la chanson « Gabrielle » commence véritablement au printemps 1976, le jour où le producteur Régis Talar demande à Thomas Noton, ancien soliste du groupe instrumental Les Fantômes, de se rendre à Londres pour dénicher des chansons originales à adapter sur le territoire français. Au bout d'une semaine, ce spécialiste du rock'n'roll rapporte une dizaine de chansons, dont un titre de Tony Cole, « The King is Dead », jamais sorti en disque. À Paris, et pour les disques Tréma, la chanson est proposée en priorité à Michel Sardou, qui la refuse. C'est finalement Johnny Hallyday qui, impressionné par la modernité de la mélodie dans les notes qui martèlent le sol, s'intéresse à ce morceau. Johnny impose que ce soit son copain Long Chris qui adapte le texte. Seulement, pour Long Chris, la mission n'est pas simple. Et un dimanche matin, alors qu'il se trouve chez lui à jouer quelques accords de guitare, il a l'excellente idée de changer phonétiquement les trois syllabes « King is Dead » en « Ga-bri-elle ». Ce prénom lui vient à l'esprit, car au moment où il cherche ses mots, son regard se pose sur un hebdomadaire féminin dont le nom, d'ailleurs, est la dernière syllabe du prénom Gabrielle. Imaginant son idole de toujours, Elvis Presley, chanter ce titre, il n'en faudra pas plus à notre auteur pour terminer son texte en quelques heures.

Le disque 45 tours sort en septembre 1976 et se place immédiatement en tête des ventes de disques en France. Le disque s'écoule à plus de six cent quarante mille exemplaires en quelques semaines. « Gabrielle » deviendra au fil du temps un titre majeur du répertoire de l'artiste. Et après cinq ans d'absence sur scène à Paris, Johnny Hallyday se produit du 28 septembre au 31 octobre 1976, à guichets fermés, au Palais des Sports, où tous les soirs ses fans reprennent en chœur son refrain, les poignets croisés au-dessus de la tête : « … J'ai refusé, mourir d'amour enchaîné ! ». Un geste devenu familier dans les concerts de Johnny.

Pour la petite histoire, et pour fêter son quarantième anniversaire, le 28 janvier 1995, Nicolas Sarkozy, alors maire de Neuilly-sur-Seine, a invité tous ses proches dans un restaurant italien. Et au moment du dessert, il a entonné sa chanson favorite, « Gabrielle », en duo avec le maire de Levallois-Perret, Patrick Balkany. Un moment inoubliable pour le futur président de la République, qui a gardé de son enfance sa collection de disques 45 tours de Johnny Hallyday. ■

Requiem pour un fou

FOU D'AMOUR

Au printemps 1976, Johnny Hallyday connaît un immense succès avec une nouvelle chanson, intitulée « Requiem pour un fou ». Écrite par l'un des fidèles auteurs de Johnny, Gilles Thibaut, et composée par Gérard Layani, cette chanson est devenue un grand classique du répertoire de l'idole. Repartons aux origines de sa création.

Après le succès de l'album *Rock à Memphis*, enregistré pas très loin de Graceland, la célèbre propriété d'Elvis Presley, Johnny Hallyday commence, à la fin de l'année 1975, à chercher des chansons en perspective d'un nouvel album qui doit être produit et réalisé par Jacques Revaux, le célèbre compositeur à qui l'on doit tant d'immenses tubes pour Michel Sardou, notamment. C'est alors qu'une éditrice, Marie-France Seyrat, met en contact Jacques Revaux avec Gérard Layani, un jeune compositeur qui, après des débuts de chanteur, a mis son talent au service de nombreux artistes comme Petula Clark, Tino Rossi, Sylvie Vartan, Sheila, Marie Laforêt et beaucoup d'autres.

Pour la première fois depuis plusieurs années, Johnny Hallyday et son équipe veulent trouver de nouveaux compositeurs, et Gérard Layani arrive à point nommé. Celui-ci propose alors au producteur Jacques Revaux trois musiques qu'il vient de composer. Revaux en retient une qu'il confie à Gilles Thibaut, qui a déjà écrit de nombreux tubes pour Johnny, comme « Entre mes mains » ou le fameux « Que je t'aime ». Quinze jours après, Gilles Thibaut donne à Jacques Revaux le texte qu'il a écrit sur la musique de Gérard Layani, et qui s'intitule au départ « Fou d'amour ». Elle sera bien vite rebaptisée « Requiem pour un fou ».

Satisfait de ce titre, Jacques Revaux demande à Gilles Thibaut un autre texte. Il écrit alors « Les Chiens de paille », inspiré par un célèbre film américain de 1971, avec Dustin Hoffman. Sur ces paroles de Gilles Thibaut, Gérard Layani compose une nouvelle musique. Cette chanson sera la face B du 45 tours « Requiem pour un fou ». Enregistrées au Studio 92, à Boulogne, avec l'ingénieur du son Roland Guillotel, « Requiem pour un fou » et sa face B sortent en 45 tours, le 10 février 1976, et donnent un avant-goût de l'album *Derrière l'amour*, qui arrivera dans les bacs quatre mois plus tard. Trois jours seulement après sa sortie, le 45 tours « Requiem pour un fou » se classe n° 1 dans tous les hit-parades et devient un immense succès. Au fil des années, cette chanson est devenue une incontournable du répertoire de notre Johnny national. En 1998, lors de son passage au Stade de France, l'idole l'interprétera d'une manière magistrale en duo avec Lara Fabian et donnera alors l'occasion à une nouvelle génération de la découvrir. ■

J'ai oublié de vivre

QUAND UNE IDOLE ENCHAÎNE LES TOURNÉES…

En 1977, Johnny Hallyday connaît un immense succès avec une chanson qui lui colle à la peau : « J'ai oublié de vivre ». Gros plan sur la petite histoire de ce titre de Johnny, le plus repris dans le monde entier.

Après avoir enchaîné plusieurs tubes l'année précédente, Johnny Hallyday choisit, à partir de 1977, un nouveau producteur en la personne de Jacques Revaux. Trois ans plus tôt, Johnny a rencontré Pierre Billon, un auteur-compositeur qui jouait de la tumba sur l'une de ses chansons. Pierre, fils de la chanteuse Patachou, et ami d'enfance de Michel Sardou, a sympathisé avec Johnny qui lui demande, en 1977, d'écrire des chansons pour son nouvel album. Parmi les trois titres qu'il crée pour le 33 tours, *C'est la vie*, il y en a un, mis en musique par Jacques Revaux et arrangé par Roger Loubet, qui s'intitule « J'ai oublié de vivre ». Cette chanson qui raconte la vie d'une idole qui enchaîne les tournées correspond parfaitement bien à la vie de Johnny. C'est sûrement un peu pour son côté autobiographique que cette chanson va devenir le tube de ce nouvel album, qui sort le 30 octobre 1977. Très vite, la chanson se classe dans les premières places des hit-parades et devient un nouveau standard du répertoire de Johnny Hallyday.

En 1979, le chanteur Julio Iglesias tombe sous le charme de cette chanson et décide de l'adapter en espagnol. Elle est alors traduite sous le titre « Me olvidé de vivir » et va faire le tour du monde. De nombreux autres artistes internationaux vont également reprendre la chanson de Johnny. C'est le cas de Ray Conniff, aux États-Unis, ou de Patrick Norman, au Québec, sous le titre « Soyons heureux ».

Le 22 décembre 1981, dans l'émission « Numéro 1 » consacrée à Julio Iglesias, ce dernier interprète sa version espagnole de « J'ai oublié de vivre », en duo avec Johnny. Ce dernier rejoindra aussi le latin lover lors de son passage sur scène au Palais des Congrès de Paris.
En 1982, Johnny enregistre sa propre version espagnole de « J'ai oublié de vivre », ainsi qu'une version italienne, sous le titre « Non si vive cosi ». Devenu un standard du répertoire de Johnny, « J'ai oublié de vivre » fait désormais régulièrement partie des titres interprétés par le rocker lors de ses concerts.

Pour la petite histoire, en novembre 2005, Johnny a interprété « J'ai oublié de vivre » en duo avec son ami l'imitateur Laurent Gerra, dans l'émission présentée par Michel Drucker « Samedi soir avec ».
En 2007, c'est à l'occasion d'un spécial « Taratata » qui lui était consacré que Johnny a chanté, en duo avec Eddy Mitchell, une version country de « J'ai oublié de vivre ». ■

Elle m'oublie

SI VOUS AVEZ MANQUÉ LE DÉBUT…

En 1978, Johnny Hallyday inscrit un nouveau tube à son répertoire, « Elle m'oublie », une très jolie chanson d'amour écrite et composée par Didier Barbelivien. Gros plan sur ce titre, car l'histoire de sa création n'est pas banale…

L'une des forces de Johnny Hallyday est d'avoir toujours su capter l'air du temps, en s'entourant pour cela des meilleurs auteurs-compositeurs du moment. À la fin des années 70, il y en a un, justement, qui est incontournable. Il s'appelle Didier Barbelivien. Ses chansons écrites pour Gérard Lenorman, Michèle Torr, C. Jérôme ou Christophe se retrouvent régulièrement en tête des hit-parades, et sa signature est à elle seule un gage de succès.

En 1978, Didier Barbelivien écrit une nouvelle chanson en s'inspirant d'un résumé de film dans l'hebdomadaire *Télé 7 jours*. En effet, à cette époque, ce magazine de programmes télé a une rubrique qui s'appelle : « Si vous avez manqué le début… » qui, comme son intitulé l'indique, résume en quelques lignes le scénario du film. Et c'est en lisant l'une de ces rubriques qui raconte l'histoire d'une fille qui descend d'un autocar en Pennsylvanie que Didier écrit d'un trait la chanson « Elle m'oublie ». Pour la mélodie, il met en pratique une descente d'accords de guitare, technique que lui avait apprise Éric Charden, la semaine précédente, et trouve ainsi le point de départ de la musique de « Elle m'oublie ». Le soir même, Didier joue sa nouvelle création à sa fiancée de l'époque, une certaine Nicole Damy, qui est éditrice de musique. Nicole trouve le titre magnifique et, sans hésiter une seconde, s'exclame : « C'est une chanson pour Hallyday ». Didier est surpris, d'autant qu'il n'imagine pas du tout sa chanson interprétée par Johnny. Nicole lui conseille quand même d'enregistrer une maquette afin qu'elle puisse la faire écouter à l'équipe du chanteur. Tellement pas convaincu que son titre puisse plaire à notre Johnny national, Didier tarde à entrer en studio pour faire une maquette. Et c'est seulement huit mois plus tard, sous l'insistance de sa compagne Nicole, que Didier se résout enfin à enregistrer une bande démo de « Elle m'oublie ». Ayant beaucoup de mal à la jouer et à la chanter, Didier termine cet enregistrement en sifflant.

Quelques jours plus tard, Nicole Damy remet la maquette au producteur Eddie Vartan, qui la trouve formidable mais qui n'est pas convaincu de la musique, et pour cause, puisqu'elle n'est pas finie. Pourtant, comme l'équipe de Johnny ne va pas trouver d'autres mélodies capables de coller au texte de Didier, ils vont la faire écouter telle quelle à l'idole, qui la trouve finalement formidable et décide de l'enregistrer. À la télévision, le 18 juin 1978, au cours d'un « Numéro 1 » consacré à Michel Sardou, Johnny interprète « Elle m'oublie » tout de blanc vêtu, dans un décor estival, au bord d'une piscine. Le titre devient rapidement l'un des tubes de l'été 1978 et il obtiendra le Grand Prix de la SACEM et l'Oscar de la chanson. ■

1979

Le bon temps du rock'n'roll

CONTRE LE DISCO

Titre de l'année 1979, « Le Bon Temps du rock'n'roll » est l'adaptation d'une célèbre chanson américaine. À l'heure où le disco déferle sur le monde entier, Johnny Hallyday joue la carte du rock'n'roll, une musique qu'il a toujours aimée et défendue.

Enregistrée au mois d'octobre 1978, aux studios Record Plant et Hollywood Sound Recorder de Los Angeles, « Le Bon Temps du rock'n'roll » fait partie des sept reprises figurant parmi les dix chansons du vingt-cinquième album studio de Johnny Hallyday, intitulé *Hollywood*. Il s'agit de la reprise d'une chanson écrite par George Jackson et enregistrée par le chanteur rock américain Bob Seger, en 1978, pour son album *Stranger in Town*.

Cette version originale revenait de façon nostalgique sur les origines du rock'n'roll et avait déjà été un immense succès populaire en Amérique. Au départ, la version française adaptée par Michel Mallory devait être enregistrée par Sylvie Vartan, sur la recommandation de son frère, Eddie Vartan. Mais lorsque Johnny entend la maquette sur laquelle son épouse Sylvie Vartan répète, Johnny insiste auprès d'elle pour qu'elle renonce à l'adaptation.

Dès lors, Johnny enregistre le titre, qui va être le principal tube de son nouvel album. Le texte français défend le rock'n'roll et l'oppose à toutes les autres musiques, dont le disco, qui déferle alors sur les radios. En se présentant ainsi comme un fervent défenseur du rock'n'roll, Johnny va rassembler tous ses fans.

Le 45 tours sort quelques jours après l'album, le 21 février 1979. La pochette de ce disque reprend un plan serré de l'idole, réalisé par le photographe François Gaillard. En quelques semaines, cette nouvelle chanson atteint les sommets des hit-parades. Au fil du temps et des tournées, « Le Bon Temps du rock'n'roll » devient un titre leader de Johnny Hallyday. À quelques rares exceptions près (La Cigale, 1994, Bercy, 1995, Las Vegas, 1996, Parc des Princes, 2003, Tour 2012), l'artiste l'inclut régulièrement à ses concerts, pour le plus grand plaisir de son public, qui en a fait un véritable hymne. En juste retour des choses, le 25 novembre 1979, Johnny Hallyday, pour la dernière représentation de ses concerts au Pavillon de Paris, fait venir Sylvie Vartan sur scène, et il chante en duo avec elle « Le Bon Temps du rock'n'roll ». ■

Ma gueule

UN TITRE REPRIS PAR SIM !

En 1979, Johnny Hallyday enregistre « Ma gueule », une chanson qui va devenir un grand classique de son répertoire. Si ce titre semble a priori avoir été fait sur mesure pour l'idole, il a été à l'origine écrit pour la comédienne Alice Sapritch.

En 1979, vingt ans après ses débuts, Johnny Hallyday est au zénith de sa carrière. Son dernier album en date, *Hollywood*, a connu un très grand succès, notamment avec le fameux titre « Le Bon Temps du rock'n'roll ». Fidèle à lui-même et par amour de la scène, Johnny entreprend, du 31 janvier au 24 mars 1979, une grande tournée qui passe par une douzaine de villes françaises et se termine à Bruxelles. De retour à Paris, il demande au célèbre parolier Gilles Thibaut, qui lui a écrit, en 1969, « Que je t'aime », de lui proposer de nouvelles chansons. L'auteur repense alors à un titre qu'il a écrit cinq ans plus tôt. En effet, en 1974, Gilles Thibaut avait croisé dans un studio d'enregistrement la comédienne au physique si particulier, Alice Sapritch, qui faisait ses débuts de chanteuse en enregistrant alors un album. Cette dernière avait demandé à Gilles Thibaut de lui écrire une chanson, en lui disant : « J'ai le sujet et le titre : "Ma gueule" ». Et puis, en 1979, il repense à cette idée de chanson en se disant qu'elle pourrait convenir à Johnny Hallyday. Il ressort donc ses notes de 1974 et réadapte ses paroles, que le compositeur Pierre Naçabal va mettre en musique. En entendant la chanson, Johnny est séduit et accepte de l'interpréter sans hésiter.

Le disque est enregistré à la rentrée de 1979, avec, en face B, une chanson de Jean Renard et de Didier Barbelivien, « Comme le soleil ». Du 18 octobre au 25 novembre 1979, Johnny Hallyday fête ses vingt ans de carrière sur la scène du Pavillon de Paris. C'est l'occasion pour lui d'interpréter « Ma gueule » pour la première fois sur scène et de constater l'impact de ce nouveau titre sur son public, littéralement conquis.
« Ma gueule » devient non seulement un immense succès mais également un grand standard du répertoire de l'idole. Du reste, ce n'est pas un hasard si c'est avec « Ma gueule » que Johnny Hallyday a choisi de faire son entrée sur scène pour les concerts de son « Tour 66 », en 2009.
D'ailleurs, et pour l'anecdote, en 1981, l'humoriste Sim enregistre aux disques Tréma une parodie de « Ma gueule » qui connaît aussi un joli succès populaire.

Pour la petite histoire, le compositeur de la chanson, Pierre Naçabal, s'est suicidé, après avoir été accusé de plagiat sur ce titre. En effet, avec les royalties dégagées par « Ma gueule », le compositeur s'était offert une maison, mais la justice ayant bloqué ses revenus le temps du procès, il n'a pas pu la rembourser. Ne supportant pas une telle situation, il a choisi de mettre fin à ses jours. Ironie du sort, un an plus tard, le tribunal de grande instance reconnaîtra la paternité de l'œuvre à Pierre Naçabal ! ■

Rock'n'roll attitude

CHEMISE BLANCHE ET CRAVATE NOIRE

En 1985, Johnny Hallyday retrouve le sommet des Tops avec « Rock'n'roll Attitude », une chanson écrite et composée sur mesure par Michel Berger. Découvrons les origines de ce titre qui a permis à Johnny d'amorcer un virage dans sa carrière artistique.

Sorti en 45 tours, au mois de septembre 1985, « Rock'n'roll Attitude » est le deuxième titre de Johnny Hallyday, extrait de l'album du même titre, paru quelques mois plus tôt, écrit et composé par Michel Berger. Cette chanson blues rock, qui définit la rock'n'roll attitude, est faite sur mesure pour le rocker. Pour Michel Berger, Johnny incarne le mieux cette façon de vivre avec toutes les joies et les peines qui peuvent en découler. C'est donc parce que Hallyday a une attitude très rock'n'roll que Michel Berger imagine cette chanson, qu'il intitule tout simplement « Rock'n'roll Attitude ». Lors de l'enregistrement du titre au Studio Gang, à Paris, au printemps 1985, Michel Berger accompagne Johnny au piano.

Grâce à cette chanson et à l'album, la carrière de Johnny Hallyday va prendre un tournant significatif qui lui permet de retrouver les meilleures places du Top 50. Le 45 tours, « Rock'n'roll Attitude », sort au mois de septembre 1985, deux mois après l'album, paru le 26 juin. La pochette reprend la même photo que celle figurant sur le 33 tours. Elle est réalisée par Serge Van Poucke. Johnny Hallyday y apparaît en chemise blanche et cravate noire dans le vent. Très vite, la chanson se hisse en tête du Top et devient un immense succès. L'expression « rock'n'roll attitude » ne tarde pas à entrer dans le langage courant des Français et à se décliner sur beaucoup de thèmes. ■

“Une façon de vivre avec toutes les joies et toutes les peines qui peuvent en découler”

Fender

1985

Le chanteur abandonné

UN HOMMAGE À CLAUDE FRANÇOIS

Incontournable chanson de l'été 1985, « Le Chanteur abandonné » permet à Johnny Hallyday de rester plus de vingt semaines dans le Top 50. Avec cette chanson écrite et composée par Michel Berger, Johnny amorce une nouvelle étape dans sa longue carrière. Découvrons la genèse de ce titre inspiré par un saisissant contraste qui touche bien souvent les idoles.

L'histoire de cette chanson commence au Zénith de Paris, en 1984. Johnny Hallyday s'y produit à partir du 25 octobre et pendant un peu plus de trois mois. Un spectacle grandiose qui s'ouvre sur une main géante dans laquelle apparaît le chanteur au-dessus du public. Ce show exceptionnel, qui nécessite quatre mille projecteurs, des danseurs, des cascadeurs, des violonistes… est un véritable triomphe. Et c'est justement en allant assister à plusieurs représentations de ce concert que l'auteur-compositeur Michel Berger va trouver son inspiration pour créer des chansons pour le trente-quatrième album studio de Johnny Hallyday. Un soir, après avoir vu Johnny acclamé par des milliers de spectateurs, il le retrouve dans sa loge et le sent très seul. Ce contraste saisissant à quelques minutes d'intervalle va inspirer Berger, qui écrit en rentrant chez lui « Le Chanteur abandonné ».

Cette chanson est enregistrée quelques semaines plus tard, au début de l'année 1985, au Studio Gang. Dans son autobiographie intitulée *Destroy*, parue aux éditions Michel Lafon, Johnny a écrit : « En interprétant "Le Chanteur abandonné", qui est un des titres forts de *Rock'n'roll Attitude,* c'est à Claude François que je pensais. Claude que j'adorais malgré toutes nos différences. »

« Le Chanteur abandonné » est le premier titre qui figure sur l'album *Rock'n'roll Attitude* et c'est aussi le premier extrait à paraître en single, en avril 1985, deux mois avant l'album. La photo de la pochette du 45 tours est réalisée par le photographe Georges Pierre. Le titre fait son entrée au Top 50, le samedi 1er juin 1985, et va y rester pendant vingt semaines. Il se vendra à deux cent soixante quinze mille exemplaires et deviendra un immense succès. Une véritable résurrection qui donne un nouveau souffle à la carrière de Johnny Hallyday. ■

"La chanson qui donne un nouveau souffle à la carrière de Johnny"

Quelque chose de Tennessee

PETER FRAMPTON EST À LA GUITARE SOLO

Au cours de l'hiver 1985-1986, Johnny Hallyday triomphe au Top 50 avec « Quelque chose de Tennessee », une chanson écrite et composée par Michel Berger.

Au milieu des années 80, une rencontre artistique déterminante avec l'auteur-compositeur Michel Berger va permettre à Johnny Hallyday de donner un nouveau souffle à sa carrière. C'est la première fois que Johnny confie à un auteur-compositeur-interprète de renom la création de l'ensemble des chansons d'un album. Très vite, une grande complicité s'installe entre Michel Berger et Johnny. Les deux artistes discutent beaucoup. Johnny parle de ses goûts, de ce qu'il aime, et notamment des films d'Elia Kazan, dont plusieurs sont des adaptations de pièces de théâtre du dramaturge américain Tennessee Williams. Il vient d'ailleurs d'achever de lire de cet auteur *La Chatte sur un toit brûlant.* C'est en entendant Johnny lui en parler que Michel Berger imagine une chanson en hommage à Tennessee Williams, qu'il intitule « Quelque chose de Tennessee ».
Comme les neuf autres titres de l'album *Rock'n'roll Attitude*, « Quelque chose de Tennessee » est enregistré au début de l'année 1985, au Studio Gang, à Paris. Peter Frampton accompagne Johnny à la guitare solo et Michel Berger est au piano. Il fait aussi les chœurs avec France Gall. Sur l'introduction de la chanson, on entend même Nathalie Baye, la comédienne et compagne de Johnny, qui lit les derniers mots que Margaret dit à Brick, à la fin de la pièce de Tennessee Williams, *La Chatte sur un toit brûlant.*

L'album *Rock'n'roll Attitude* est le trente-quatrième opus de Johnny. Il est publié le 26 juin 1985. « Quelque chose de Tennessee » sera la troisième chanson de cet album à sortir en 45 tours, au mois d'octobre 1985. Elle fait son entrée au Top 50, le samedi 21 décembre, et y restera dix-huit semaines, atteignant la dixième place. Le clip réalisé par Bernard Smith sera beaucoup diffusé. Le 45 tours se vendra à deux cent soixante-quinze mille exemplaires et sera certifié disque d'argent.

Pour la petite histoire, le 20 mars 1988, à l'Hippodrome de Vincennes, lors du meeting de Jacques Chirac, candidat à l'élection présidentielle, Johnny Hallyday se produit sur scène. Ce jour-là, après avoir chanté « Quelque chose de Tennessee », le chanteur termine la chanson en disant : « On a tous en nous quelque chose de Jacques Chirac ».
Michel Berger, qui soutenait alors son ami François Mitterrand, n'avait pas vraiment apprécié la déclaration de l'idole. ■

L'envie

UNE CHANSON REFUSÉE PAR MICHEL SARDOU

Tout le monde a en mémoire Johnny Hallyday qui, inondé par des murs d'eau sur la scène de Bercy, interprète son succès « L'Envie ». Une chanson signée Jean-Jacques Goldman et publiée, en 1986, sur un album culte du rocker, *Gang*, même si elle n'a pas rencontré le succès qu'elle mérite.

Après avoir survécu aux années 60 et 70, Johnny Hallyday impose sa rock'n'roll attitude tout au long des eighties. Pour Michel Berger, qui provoque la résurrection de l'idole, en 1985, Hallyday reste un merveilleux mélange de souffrance et de joie. Sa rencontre avec Jean-Jacques Goldman donne également naissance à de nouvelles chansons. Ainsi avec l'album *Gang*, fait sur mesure par un Goldman très inspiré, Hallyday s'affiche comme un homme hypersensible et ravagé par ses blessures d'enfance, derrière une terrible carapace de rocker. L'album *Gang*, publié en novembre 1986, est une véritable usine à tubes qui se vend à plus de six cent cinquante mille exemplaires en moins de six mois.

Parmi les succès du disque, il y a « L'Envie », une chanson composée et écrite par Jean-Jacques Goldman, en 1980. Au départ, ce titre avait été proposé à Michel Sardou, qui l'avait refusé aussitôt. Et c'est donc six ans plus tard que Goldman fait écouter à Johnny sa maquette restée dans un tiroir. Hallyday comprend immédiatement la puissance et l'efficacité du texte. Il tombe sous le charme et veut enregistrer cette chanson. L'enregistrement a donc lieu au Studio Gang, boulevard de l'Hôpital, à Paris, près de la gare d'Austerlitz. Claude Puterflam, le directeur du Studio Gang, confirme que ce jour-là Johnny enregistre la chanson en deux prises seulement. Tous les techniciens étaient très impressionnés par la voix exceptionnelle de l'artiste, mais surtout par la conviction du rocker dans l'interprétation. Au mixage, les ingénieurs du son eurent beaucoup de mal, d'ailleurs, à choisir entre les deux prises de voix excellentes de « L'Envie ».

La chanson « L'Envie » ne s'est pas transformée en succès, à sa sortie, mais au fil du temps, ce titre s'est imposé comme le plus fort de l'album. Et c'est seulement dix-sept mois après la publication de l'album *Gang* que Polygram décide de sortir « L'Envie » en single, enregistré en live à Bercy, entre le 15 septembre et le 4 octobre 1987.

Pour la petite histoire, et pas rancunier du tout, Michel Sardou rejoindra Johnny Hallyday sur la scène du Parc des Princes de Paris, le 15 juin 1993, pour interpréter « L'Envie », en duo avec l'idole. À leur tour, Les Enfoirés reprennent la chanson, en 1997, à travers les voix de Patrick Bruel, de Roch Voisine, et bien sûr de Jean-Jacques Goldman. ■

J'oublierai ton nom

UN DUO AVEC CARMEN

Immense succès du printemps 1987, « J'oublierai ton nom » est un duo interprété par Johnny Hallyday avec la chanteuse anglaise Carmel McCourt. Deuxième extrait de l'album *Gang*, ce titre va se classer pendant quinze semaines au Top 50.

Parmi les dix chansons de l'album *Gang* composées par Jean-Jacques Goldman pour Johnny Hallyday, il y a « J'oublierai ton nom », que Goldman a co-signée pour les paroles en anglais avec son fidèle complice, Michael Jones. Pour interpréter la chanson en duo avec Johnny, le choix se porte sur une chanteuse anglaise, Carmel McCourt. Cette dernière s'est fait connaître dans son pays avec son groupe Carmel, formé à Manchester avec deux amis étudiants, Jim Parris et son cousin, le batteur Gerry Darby. Leur premier single, « Storm », leur a permis de se faire connaître dans leur pays et de se classer en tête des charts. Avec leurs albums suivants, ils font une percée remarquée dans le reste de l'Europe, notamment avec des chansons comme « Bad Day », « More, More, More » et « Sally », qui restera dix-huit semaines au Top 50, au début de l'année 1987. Au même moment, « J'oublierai ton nom » sort en single et se classe également au Top 50. Il fait son entrée dans le célèbre classement des ventes, le 23 avril 1987, à la vingt-troisième place. Il connaîtra une forte progression au fil des semaines, jusqu'à atteindre la septième place du Top.

Le single se vendra à près de deux cent cinquante mille exemplaires et deviendra un classique du répertoire de Johnny Hallyday. D'ailleurs, ce dernier avouera : « Sur *Gang*, je n'ai pas vraiment de titre préféré. Peut-être un penchant pour le duo avec Carmel. Je trouve que cette fille a une voix fantastique. »

Johnny interprétera souvent cette chanson sur scène en se faisant accompagner d'une de ses choristes ou d'une invitée. Lors du Parc des Princes 2003, une nouvelle version entièrement en français traduite par Jean-Jacques Goldman a été interprétée par Johnny Hallyday, en duo avec Natasha St-Pier, les 10 et 11 juin, et avec Isabelle Boulay, les 14 et 15 juin. ■

“Les paroles françaises sont de Goldman, et les anglaises de Michael Jones”

Je te promets

UNE BELLE DÉCLARATION D'AMOUR

Immense succès de l'été 1987, « Je te promets » est le troisième extrait du trente-cinquième album studio de Johnny Hallyday. Écrite et composée par Jean-Jacques Goldman, cette magnifique déclaration d'amour va marquer toute une génération et devenir un nouveau grand succès pour Johnny.

En 1985, Jean-Jacques Goldman est l'auteur-compositeur le plus en vue du moment. Son album *Non homologué* est en tête des ventes et s'écoule à un million deux cent mille exemplaires.

Du 3 au 20 décembre, il triomphe sur la scène du zénith de Paris et, le 15 décembre, Johnny Hallyday vient le rejoindre sur scène pour interpréter en duo avec lui « Toute la musique que j'aime ». La complicité entre les deux artistes est évidente et prend tout son sens sur scène. Après avoir travaillé sur l'album précédent avec Michel Berger, Johnny, qui prépare un trente-cinquième album studio, décide d'en confier l'écriture, la composition et la réalisation à un autre incontournable créateur de chansons, Jean-Jacques Goldman, qui a les mots et le son de l'époque.

Au départ, lorsque Jean-Jacques Goldman accepte la proposition de Johnny, sa première idée est de lui faire chanter à nouveau des chansons rapides, très rock'n'roll, qui correspondent totalement à son identité de rockeur devant l'éternel. Pourtant, en finalité, ce seront surtout des ballades que lui composera Goldman et qui deviendront d'immenses succès. C'est le cas de « Je te promets », une belle déclaration d'amour écrite avec beaucoup de finesse en utilisant les ressources suggestives d'aphorismes bien trouvés.

Cette chanson est enregistrée à la rentrée 1986, au Studio Gang. Elle fait partie des dix titres créés par Goldman pour l'album *Gang*, qui sort le 6 décembre 1986 et qui se vend à plus de six cent mille exemplaires.

Elle est le troisième single extrait de cet opus. Elle paraît en juin 1987 et, le 18 juillet, elle fait son entrée au Top 50, où elle restera vingt-deux semaines, atteignant jusqu'à la cinquième place du classement. ■

“Tout l'album a été écrit et composé par Jean-Jacques Goldman”

Laura

TU M'INVENTES UN AVENIR…

En 1987, avec son tube « Laura », écrit et composé par Jean-Jacques Goldman, Johnny Hallyday atteint une nouvelle fois le sommet du Top 50 et inspire de nombreux jeunes parents dans le choix du prénom de leur fille. Gros plan sur les origines de cette belle déclaration d'amour d'un papa pour sa fille adorée.

Au milieu des années 80, Jean-Jacques Goldman est l'un des auteurs-compositeurs-interprètes le plus en vue de la scène musicale française. En 1985, son album *Non homologué* est l'une des meilleures ventes du moment et contient de nombreux tubes, comme « Pas toi », « Je marche seul » ou le duo avec Michael Jones, « Je te donne », qui reste huit semaines au sommet du Top 50. Johnny Hallyday, pour sa part, vient de faire un magistral retour grâce à une collaboration fructueuse avec Michel Berger, sur l'album *Rock'n'roll Attitude*. Après cet album de la renaissance, comme le définissent les spécialistes du rocker, Johnny cherche un autre auteur-compositeur dont le talent se conjugue avec l'air du temps. Il songe alors tout naturellement à Jean-Jacques Goldman. Et c'est grâce au réalisateur Bernard Schmitt, qui a réalisé ses clips vidéo et qui travaille aussi avec Jean-Jacques Goldman, que la rencontre se fait entre les deux artistes. Pour Jean-Jacques Goldman, Johnny n'est pas seulement un bon chanteur, c'est aussi une véritable personnalité dont la voix est chargée d'expérience, de vérité et de choses vécues. Et c'est pour toutes ces raisons qu'il accepte d'écrire et de composer tout un album pour Johnny, en 1986, qu'il va intituler *Gang*.

En travaillant à la préparation de ce disque, Jean-Jacques Goldman propose à Johnny plusieurs idées de chansons, et notamment une sur Laura, la fille du rocker, née le 15 novembre 1983, de son union avec la comédienne Nathalie Baye. Dans un premier temps, Johnny est un peu effrayé à l'idée d'avoir une chanson sur sa fille mais, ne doutant pas du talent de Goldman, il accepte d'écouter sa proposition en mettant juste la condition qu'il puisse intervenir sur le texte de cette chanson. Et c'est ce qu'il fera en faisant modifier certaines phrases comme « Te regarder pousser me fera vieillir », qui deviendra « Te regarder pousser me fera grandir ». Autre retouche, il fait rajouter : « Tu m'inventes un avenir ». Une fois celle-ci modifiée, Johnny enregistre donc cette chanson qui figure sur l'album *Gang*, dès 1986, et sort en 45 tours au début de l'année suivante, avec une pochette illustrée d'un très beau dessin d'enfant.

En quelques semaines, elle atteint les premières places du Top 50 et parle au cœur de millions de parents. Pour l'anecdote, cette chanson a notamment été adaptée, dix ans après sa création, en néerlandais, par un certain Bart Herman, sous le titre « Lara ». ■

Depuis le début de sa carrière, en mars 1960, Johnny Hallyday a été photographié par plus de 400 photographes, s'est retrouvé plus de 2 200 fois en couverture de magazines, a enregistré près de 2 230 chansons, a effectué 184 tournées, a été applaudi par 26 millions de spectateurs et a vendu plus de 120 millions de disques.

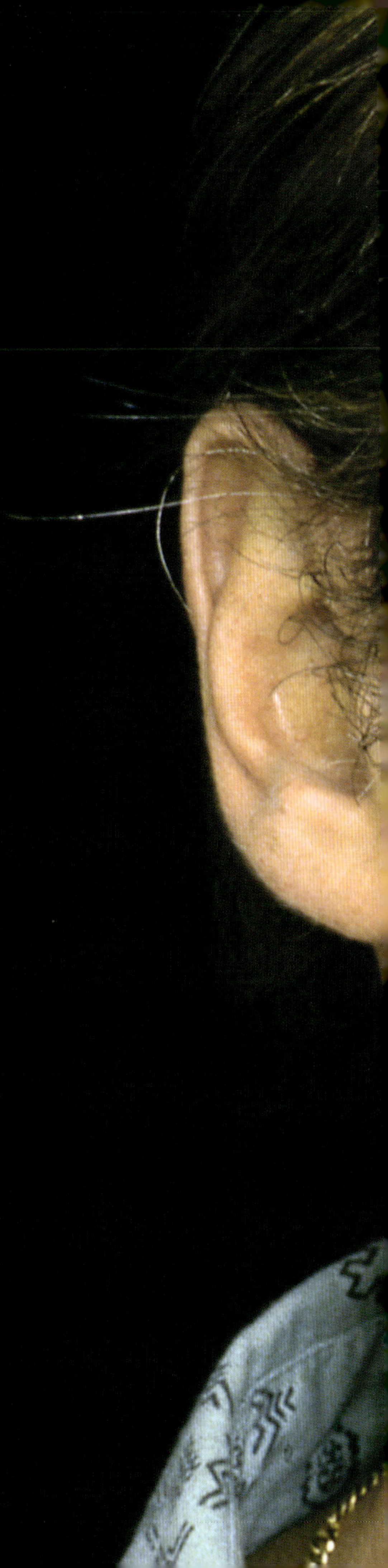

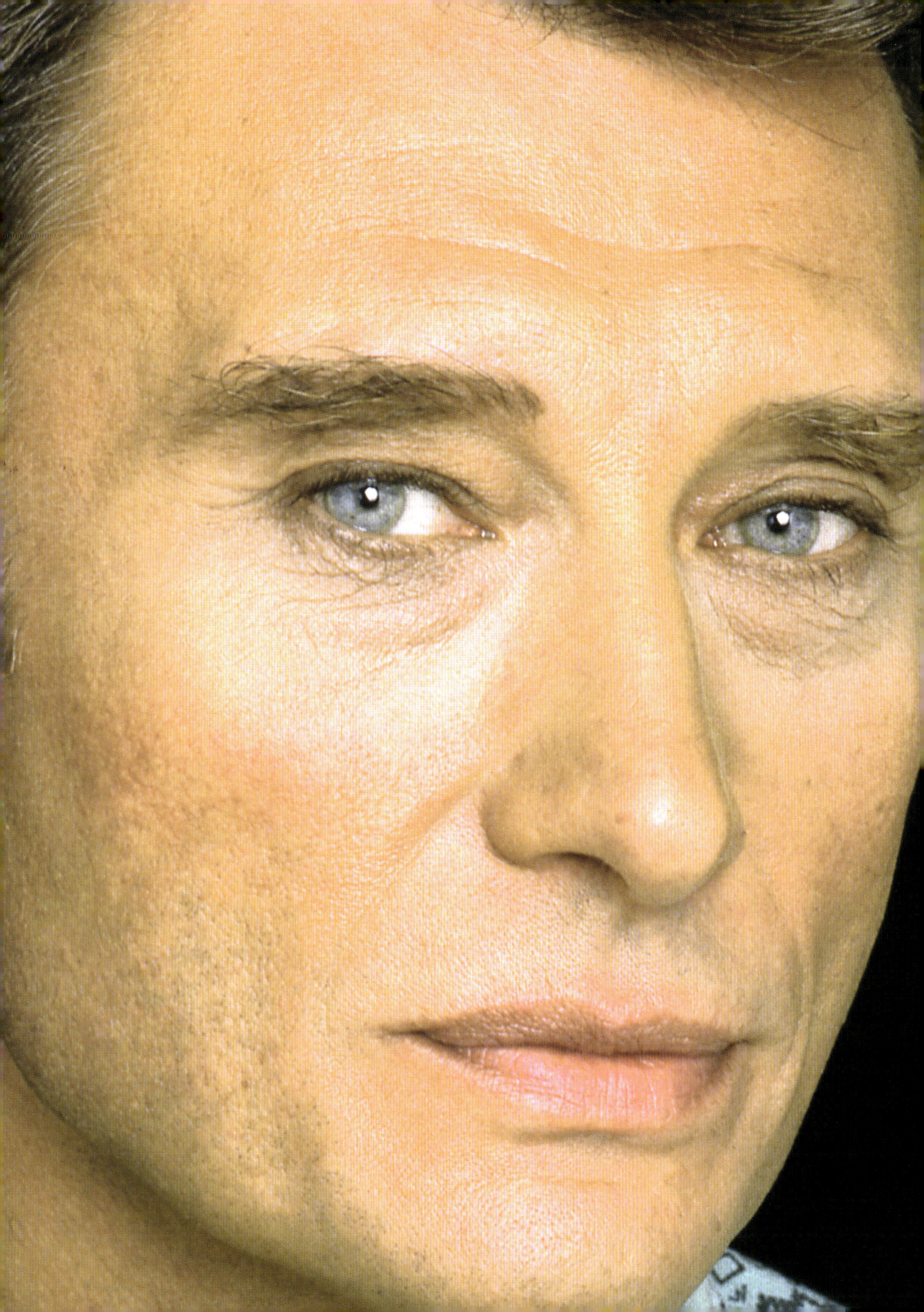

Cadillac

DE LA SUEUR ET DES LARMES

Après avoir travaillé avec Michel Berger et Jean-Jacques Goldman, Johnny Hallyday fait appel, en 1989, à Étienne Roda-Gil pour l'écriture de nouvelles chansons, comme « Cadillac », qui donne son titre au trente-sixième album de l'idole. Découvrons les secrets de cette chanson inspirée de la vie d'un Français du XVIIe siècle, parti à la conquête de l'Amérique…

Après la diffusion du premier épisode de la série *David Lansky*, sur Antenne 2, le 30 avril 1989, Johnny sort, le jour de ses quarante-six ans, le 15 juin 1989, un nouvel album avec dix chansons, toutes écrites par l'auteur Étienne Roda-Gil, qui vient de triompher avec un album pour la jeune Vanessa Paradis. Après Berger et Goldman, il fallait impérativement un grand auteur pour offrir à Johnny des chansons sur mesure. Alain Lévy, qui dirige alors PolyGram France, a l'idée de faire appel à celui que l'on surnomme le Prince des poètes, Étienne Roda-Gil. Les deux artistes ne semblent pas avoir forcément de points communs. Pourtant, Johnny le taciturne et Étienne le volubile vont très bien s'entendre, et leur collaboration va donner naissance à dix magnifiques chansons, dont « Cadillac », qui deviendra le titre de l'album.

L'idée de Roda-Gil qui va beaucoup plaire à Johnny, c'est de faire une chanson sur l'histoire d'un Français de vingt-cinq ans, originaire du Sud-Ouest, Antoine Laumet, un aventurier visionnaire parti refaire sa vie en Amérique, en 1683, sous le nom d'Antoine de Lamothe-Cadillac. C'est lui qui fondera la ville de Détroit, qui deviendra deux siècles plus tard la capitale du rock'n'roll et de l'industrie de l'automobile américaine, avec les fameuses Cadillac, baptisées ainsi en hommage au fondateur de la ville.

Sur une musique de Georges Augier de Moussac et de Jean-Pierre Bucolo, Roda-Gil va donc écrire un texte en hommage à ce fameux Lamothe-Cadillac. Comme souvent avec Roda-Gil, le texte est livré dans la nuit qui précède l'enregistrement par Johnny, au Studio Gang.
Si l'album sort le 15 juin 1989 et s'écoule à deux cent mille exemplaires en moins de quinze jours, « Cadillac » ne sortira en single qu'en septembre 1990, en cinquième extrait.

Pour l'anecdote, Étienne Roda-Gil disait au sujet de Johnny : « Il nous donne de la sueur, des larmes et de l'effort… Ce mec apporte du plaisir… ». Quant à Johnny, il disait de son auteur : « Roda avait une écriture cinématographique. Ses mots posaient le décor, l'ambiance et l'action, la lumière et les dialogues. Pour lui, les mots étaient une musique. » ■

Mirador

L'UNIVERS CARCÉRAL

Grand succès de l'été 1989, « Mirador » marque la première collaboration artistique entre Johnny Hallyday et son fils, David, mais également avec l'auteur fétiche de Julien Clerc : Étienne Roda-Gil. Pleins feux sur ce titre qui a fait de Johnny le porte-parole des prisonniers.

Avec l'arrivée d'Alain Lévy à la direction de PolyGram France, en 1984, la carrière de Johnny Hallyday est véritablement relancée. Depuis ses débuts, en 1961, le rockeur devait fournir chaque année, à sa maison de disques, de nouveaux albums et plusieurs 45 tours. Le nouveau patron décide de changer de stratégie en misant non pas sur la quantité mais sur la qualité des albums. C'est ainsi que Johnny Hallyday se met à travailler avec des auteurs-compositeurs prestigieux comme Michel Berger, en 1985, sur l'album *Rock'n'roll Attitude*, puis avec Jean-Jacques Goldman, en 1986, sur l'album *Gang*. Johnny renoue alors avec les grands succès, se façonne une nouvelle image et élargit son public. En 1989, tandis qu'il incarne à la télévision un policier aux méthodes musclées, David Lansky, il enregistre un trente-sixième album studio, intitulé *Cadillac*, réalisé et écrit, cette fois, par un autre grand auteur : Étienne Roda-Gil. Parmi les dix chansons de ce nouveau disque, il y a « Mirador », une chanson composée par David Hallyday, le célèbre fils de Johnny et de Sylvie Vartan.

Au départ, David avait composé cette chanson pour lui-même, afin qu'elle figure sur son deuxième album studio, *Rock'n'Heart*. Le texte en anglais avait été écrit par Lisa Catherine Cohen et s'intitulait : « To Have and to Hold ». Finalement, comme son père lui propose au même moment de travailler pour la première fois avec lui, David décide de lui donner cette chanson. Étienne Roda-Gil l'adapte en français sous le titre « Mirador », qui aborde l'univers carcéral et les difficultés d'être en prison. Johnny devient ainsi, avec cette chanson, le porte-parole de tous ceux qui sont derrière les barreaux et qui souffrent de l'absence de liberté.
« Mirador » est la première chanson de l'album *Cadillac* à sortir en single, en juin 1989. Elle fait son entrée au Top 50 le samedi 1er juillet et va y rester seize semaines, atteignant même la troisième place.

Pour la petite histoire, quelques mois plus tard, David Hallyday sortira son album, sur lequel on retrouvera la version originale de « Mirador » : « To Have and to Hold ». ■

"Pour tous ceux qui sont derrière les barreaux"

HARL
DAVIDSON

Diego, libre dans sa tête

CONTRE LES DICTATURES

Pour sa grande rentrée à Bercy, en septembre 1990, Johnny Hallyday reprend une chanson écrite et composée par Michel Berger, en 1981, pour France Gall : « Diego, libre dans sa tête ». Découvrons les secrets de ce choix devenu un standard des concerts du rockeur.

En 1990, après avoir réalisé un de ses rêves d'adolescent, traverser les États-Unis d'ouest en est, en moto avec des copains, Johnny Hallyday épouse, le 9 juillet, à Ramatuelle, Adeline Blondieau, au cours d'une cérémonie digne *d'Autant en emporte le vent*.

Après l'été, pour la deuxième fois de sa carrière, du 14 septembre au 4 octobre 1990, Johnny se produit au Palais Omnisports de Paris-Bercy. Pour cette série de concerts grandioses et à guichets fermés, au-delà de ses grands succès, il décide d'inclure plusieurs reprises à son tour de chant. Sur les conseils d'Adeline, il choisit notamment d'interpréter « Diego, libre dans sa tête », une chanson écrite et composée par Michel Berger et interprétée par France Gall, en 1981, sur son album *Tout pour la musique*.

En créant cette chanson, Michel Berger avait voulu dénoncer les dictatures d'Amérique du Sud comme l'Argentine ou le Chili, qui emprisonnaient ses opposants. Cet hymne en faveur des prisonniers politiques à l'esprit éternellement libre est donc repris pour la première fois, par Johnny Hallyday, lors de ses concerts à Bercy. Son interprétation magistrale donne beaucoup d'intensité à la chanson, qui devient un succès sur scène et sortira aussi, le 21 janvier 1991, sur le double album enregistré lors du spectacle et intitulé *Dans la chaleur de Bercy*.

Au fil des années, « Diego, libre dans sa tête » est devenu un standard du répertoire de Johnny Hallyday, qui l'interprète régulièrement lors de ses concerts. ■

“Un hymne en faveur des prisonniers politiques”

Ça ne change pas un homme

LE TITRE DE LA CINQUANTAINE

Chanson emblématique de Johnny Hallyday, « Ça ne change pas un homme » permet au rocker d'aborder avec succès la décennie 90. Découvrons les coulisses de la création de ce titre enregistré à New York.

Après un spectacle grandiose à guichets fermés, qui a rassemblé plus de deux cent cinquante mille spectateurs à Bercy, du 14 septembre au 4 octobre 1990, Johnny Hallyday part en tournée dans toute la France avec la tournée Cadillac Tour qui, chaque soir, rassemble des milliers de fans.

En tout, soixante-dix-huit concerts qui prouvent une fois de plus que Johnny Hallyday reste l'une des plus grandes stars françaises. Avant de poursuivre sa tournée, au printemps 1991, Johnny Hallyday commence à travailler sur son trente-septième album studio. Il fait appel à Tony Joe White, le célèbre chanteur-compositeur de rock et de blues américain. Au départ, il est même envisagé que le célèbre interprète de « Polk Salad Annie » écrive et réalise tout le nouvel album de Johnny. Pourtant, le projet ne va pas aboutir et l'Américain ne signera que deux chansons du nouvel album de Hallyday.

Finalement, à la différence des précédents albums, pour son nouvel opus, Johnny Hallyday et son équipe décident de s'entourer de différents auteurs-compositeurs comme Jon Bon Jovi, Brian Adams, Mort Shuman, Patrick Bruel ou Art Mengo et Patrice Guirao, qui signent la chanson qui va donner son titre au disque : « Ça ne change pas un homme ». Un titre bilan qui, à l'approche de la cinquantaine, colle très bien à la peau de Johnny. La chanson, comme le reste de l'album, est enregistrée à New York. Elle est réalisée par Mick Lanaro, qui vient de triompher avec les albums de Claude Nougaro et de Patrick Bruel.

« Ça ne change pas un homme » est la première chanson à sortir, le 19 novembre 1991, trois semaines avant l'album, qui est publié le 10 décembre. La chanson connaît un immense succès et se retrouve même à la septième place du Top 50. ■

"Son trente-septième album studio !"

J'la croise tous les matins

UN AMOUR IMPOSSIBLE

Succès de l'été 1995, « J'la croise tous les matins » marque une nouvelle collaboration fructueuse entre Johnny Hallyday et Jean-Jacques Goldman. Découvrons les coulisses de cette chanson aux sonorités blues.

Quelques mois seulement après la sortie d'un album en anglais intitulé *Rough Town*, qui a reçu un accueil en demi-teinte, Johnny Hallyday décide de revenir avec des chansons en français. Il décide alors de se rapprocher de Jean-Jacques Goldman, avec qui il avait travaillé avec succès, en 1986, sur l'album *Gang*. Johnny voudrait réitérer l'expérience et il demande à Goldman de lui écrire un nouvel album. Hélas, Jean-Jacques est contraint de décliner l'offre car, à ce moment-là, il termine l'écriture de l'album *D'eux*, pour Céline Dion. Pourtant, par fidélité pour le rockeur, Jean-Jacques Goldman accepte d'assurer la production artistique de l'album et d'écrire et de composer deux chansons, dont « J'la croise tous les matins ». Johnny apprécie ce titre aux sonorités blues qui traite d'un amour impossible entre un homme et une femme que tout oppose. Il enregistre la chanson au studio Guillaume Tell, avec Érick Benzy aux percussions et Gildas Arzel et Jacques Veneruso aux guitares. « J'la croise tous les matins » sort le 6 juin 1995. C'est le premier extrait de l'album *Lorada*, qui sort quelques jours plus tard. Durant l'été 1995, le clip de « J'la croise tous les matins », réalisé par le publicitaire Jean-Paul Seaulieu, est beaucoup diffusé sur les chaînes musicales. Le titre devient un des succès de l'été et permet une nouvelle fois à Johnny de se hisser en tête des ventes de disques. L'album *Lorada* deviendra double disque de platine, avec six cent mille exemplaires vendus.

Pour la petite histoire, en septembre 1998, lors de ses concerts au Stade de France, Johnny Hallyday a invité Jean-Jacques Goldman sur scène, où ils ont interprété en duo « J'la croise tous les matins ». Un grand moment de complicité salué par quatre-vingt mille spectateurs. Le spectacle est diffusé sur TF1 quelques jours plus tard, mais Goldman, n'ayant pas trouvé sa prestation convaincante, a demandé à la chaîne de ne pas diffuser le duo. Il sera en revanche conservé dans le DVD, qui sortira quelque temps après. ■

> ***"Double disque de platine avec 600 000 exemplaires vendus"***

Allumer le feu

UN HYMNE POUR LES SUPPORTERS DANS LES STADES

En 1998, Johnny Hallyday interprète « Allumer le feu », une chanson d'ambiance qui devient rapidement la référence de ses concerts grandioses. Partons aux origines de ce titre de scène créé dans une chambre d'hôtel, à Aix-les-Bains.

Après le succès de sa collaboration avec Florent Pagny, sur « Savoir aimer », en 1997, Pascal Obispo est sollicité, au mois de juin de cette même année, par la maison de disques de Johnny Hallyday pour réaliser le nouvel album de notre rocker national. Pascal accepte avec enthousiasme. Comment pourrait-t-il refuser une telle opportunité ? Il se met donc au travail et réalise des premières maquettes, tandis que Johnny vogue dans les Caraïbes, à bord de son yacht de quarante-trois mètres, aux côtés de sa chère et tendre Lætícia.

Même si l'univers de Pascal Obispo semble bien éloigné de celui de Johnny Hallyday, le compositeur va s'en rapprocher pour faire des chansons qui ressemblent à son interprète. Sachant que Johnny Hallyday prépare le Stade de France, prévu pour le 4 septembre 1998, Pascal Obispo imagine une musique pour faire bouger les foules en délire. C'est dans une chambre d'hôtel, à Aix-les-Bains, que Pascal Obispo trouve les premières notes d'« Allumer le feu », qu'il terminera avec son complice, le guitariste Pierre Jaconelli. Il téléphone immédiatement à Johnny, sur son bateau, pour lui faire part de son idée. Le rocker trouve ce thème intéressant. Quelques jours plus tard, Pascal Obispo demande à son amie Zazie de réfléchir à un texte pour habiller sa musique. Pour situer son attente, il cite l'exemple de « We are the Champions », du groupe Queen. Zazie comprend qu'il faut un texte simple, entraînant, festif et fédérateur, à l'image des hymnes que les supporters peuvent chanter dans les stades. C'est ainsi que Zazie va écrire « Allumer le feu ».

L'enregistrement se déroule au studio Guillaume Tell, à Paris, avec l'ingénieur du son Steve Boyer. Johnny, qui ne connaît pas encore par cœur les paroles de sa nouvelle chanson, l'enregistre avec le texte dans une main, et en marquant le tempo de l'autre. Ce qui au départ n'était qu'un essai micro va finir par être la version définitive du disque, tellement Johnny s'était donné à fond.
« Allumer le feu » figure sur l'album *Ce que je sais*, qui sort en juin 1998. Le titre connaît un important succès qui prend toute son ampleur au Stade de France, au mois de septembre 1998, devant quatre-vingt mille spectateurs chaque soir.
Johnny qui, avant de le connaître, disait d'Obispo « C'est le nouveau Michel Berger », interprète en duo avec Pascal, au Stade de France, justement un titre de Berger : « Rock'n'roll Attitude ».

Pour la petite histoire, la version de la chanson « Allumer le feu » qui figure sur le disque dure 5 minutes 29 secondes. Une version plus courte de 4 minutes 20 secondes a été réalisée pour être diffusée à la radio. ■

Sang pour sang

L'ALBUM DE TOUTE LA FAMILLE

En 1999, Johnny Hallyday réalise l'une des plus importantes ventes de disques de sa carrière, avec un album de chansons composées par son fils, David. La symbiose père-fils prend toute sa dimension avec le titre « Sang pour sang », qui donne aussi son nom à l'album. Revenons sur la naissance de ce tube familial.

À la fin des années 90, passé le cap de la trentaine, David Hallyday, devenu un papa comblé, épanoui aussi bien dans sa vie privée que dans sa vie artistique, décide non seulement de chanter personnellement en français mais aussi de travailler avec ses illustres parents, Sylvie Vartan et Johnny Hallyday. C'est d'abord pour sa mère que le roi David compose, en 1998, deux chansons sur l'album *Sensible*. À cette occasion, il fait la connaissance d'un journaliste de presse musicale passionné de variétés, Éric Chemouny, qui depuis de nombreuses années suit la carrière artistique de Sylvie Vartan. Pour cet album, Éric a déjà écrit « Les Robes », une magnifique chanson qui fait référence à toutes les tenues cultes de Sylvie, sur une musique d'Eddy Vartan. Après lui avoir présenté son frère, Sylvie lui présente son fils. Les deux hommes vont apprendre à se connaître et à s'apprécier au point que David confie alors à Éric le soin de trouver des paroles sur les deux musiques qu'il a composées pour sa mère. Et c'est ce qu'il va faire, en écrivant « Ma vérité » et « L'Infidèle ». C'est à partir de cette première collaboration entre David Hallyday et Éric Chemouny que va se profiler la création de « Sang pour sang ».

En effet, au même moment, David Hallyday travaille sur un album pop rock pour son père Johnny. Il a écrit plusieurs mélodies dont les textes ont été réalisés par Vincent Ravalec, Miossec et Lionel Florence, l'auteur fétiche de Pascal Obispo. Mais David Hallyday a une musique très belle, très forte, sur laquelle il veut un texte aussi fort et tout en finesse sur les liens qui l'unissent à son célèbre père. Après avoir longuement parlé de ses souhaits avec Éric Chemouny, David lui demande de lui proposer des paroles. Éric va alors écrire un très beau texte, « Sang pour sang », auquel Johnny va donner toute sa dimension, avec une voix entre mélancolie et confession. Le disque, co-réalisé par Pierre Jaconelli et David Hallyday, sort en septembre 1999 et va connaître un immense succès, devenant même en quelques mois disque de diamant, avec plus d'un million d'exemplaires écoulés, ce qui constitue alors la plus grosse vente de disques de Johnny Hallyday, depuis ses débuts.

Plus qu'un tube, « Sang pour sang », c'est un peu l'illustration musicale d'une saga familiale pour laquelle les Français se passionnent depuis les années 60. Pour la petite histoire, *Sang pour sang* sera consacré album de l'année aux Victoires de la Musique 2000 et, lors de ses propres concerts, David Hallyday reprendra lui-même sa chanson. ■

Un jour viendra

UN ENGAGEMENT AMOUREUX

Au retour des vacances de l'été 1999, les Français découvrent la nouvelle chanson de Johnny Hallyday : « Un jour viendra ». Énormément diffusé à la radio, ce titre ne tarde pas à devenir un nouveau tube pour l'idole. Pleins feux sur sa création.

À la fin des années 90, David Hallyday entreprend la composition de nouvelles chansons pour son père. L'idée est de réaliser un album pop rock, genre musical dans lequel David, comme beaucoup d'artistes de sa génération, se sent à l'aise. Il se met donc au travail. Parmi les mélodies qu'il crée, il y a une ballade pleine d'émotion dont il va confier le texte à Michel Mallory, un auteur corse, que connaît très bien son père puisqu'il lui doit quelques-uns de ses grands tubes des années 70, par exemple « Toute la musique que j'aime ».

En 1982, leur collaboration s'était interrompue à la suite d'une brouille entre les deux hommes. Mais, cinq ans plus tard, à l'initiative du producteur Jean-Claude Camus, Michel Mallory et Johnny Hallyday se sont réconciliés dans les coulisses de Bercy. David, qui lui aussi connaît très bien Mallory, pour l'avoir vu dans le sillon de ses parents, durant toute son enfance, pense qu'il saura trouver les mots justes pour habiller sa musique. Et cela va être le cas, puisque fidèle témoin de la vie sentimentale de Johnny pendant de nombreuses années, Mallory n'a pas de mal à exprimer, dans son texte, les sentiments et les attentes amoureuses du rockeur. Ainsi, il écrit « Un jour viendra », très belle chanson sur l'engagement amoureux.

« Un jour viendra » est enregistré sous la direction de David Sinclair Whitaker, au mois de juin 1999, juste avant que Johnny ne parte en tournée.

Le single sort le 24 août 1999, en deuxième extrait de l'album *Sang pour sang*. Dès lors, le clip réalisé par Bernard Schmitt est diffusé sur toutes les chaînes musicales. Dès sa première semaine de commercialisation, le single entre à la sixième place des meilleures ventes, alors que le premier extrait, « Vivre pour le meilleur », est toujours classé.

Pour la petite histoire, le vendredi 13 février 2004, le chanteur Jean-Luc Lahaye participe en direct à une émission de variétés sur TF1, produite par Gérard Louvin, dont le titre est « Retour gagnant ». Le principe de ce programme est de demander aux spectateurs de voter pour l'artiste qu'ils souhaitent voir revenir au premier plan. Ce soir-là, Jean-Luc Lahaye remporte le concours et arrive en tête des votes, en reprenant « Un jour viendra », une chanson écrite par un auteur qu'il connaît bien pour avoir travaillé avec lui, Michel Mallory. ■

"Un titre de David pour son père"

JOHNN

M'arrêter là

UN NOUVEAU DOUBLE ALBUM

En 2002, Johnny Hallyday sort un double album de vingt-trois titres sur lequel figure « M'arrêter là », une magnifique ballade. Découvrons les coulisses de la création de cette chanson de scène, idéale pour terminer un concert.

En 2002, le magazine *L'Express* consacre une de ses couvertures à Johnny Hallyday en le qualifiant à juste titre de : phénomène national. Il est vrai qu'en ce début des années 2000 le rockeur est devenu une véritable institution. C'est lui qui est choisi pour interpréter « Tous ensemble », l'hymne officiel de l'équipe de foot française pour le Mondial. Une chanson qui se vendra à six cent mille exemplaires. Après ce nouveau succès, Johnny Hallyday entre en studio, au mois de juin, pour enregistrer de nouvelles chansons. Au départ, Johnny doit enregistrer une quinzaine de chansons pour ce quarante-troisième album, mais comme il a énormément de bons titres, il décide de tous les garder et de sortir un double album. C'est la deuxième fois dans sa carrière que Johnny sort un double album. La première fois, c'était en 1976, avec *Hamlet.*

Pour ce nouveau double album, Johnny Hallyday rassemble des chansons écrites et composées par des auteurs prestigieux. C'est le cas pour « M'arrêter là », un titre composé par Didier Golemanas sur une musique de Daniel Seff, des auteurs-compositeurs prolifiques qui ont déjà de très nombreux succès à leur actif. « M'arrêter là » est une ballade émouvante sur le besoin de s'arrêter pour profiter de la vie. Johnny en fait une interprétation pleine de sensibilité, accompagné au piano par Yvan Cassar, avec Pierre Jaconelli à la réalisation. Comme l'option du double album est retenue, la chanson fait partie des vingt-trois titres de ce double album, intitulé *À la vie, à la mort*, qui sort en novembre 2002 et se vend à un million cinq cent mille exemplaires.

« M'arrêter là » ne fera pas partie des chansons qui sortiront en single, mais Johnny l'interprétera sur scène, notamment en 2003, lors de ses concerts au Parc des Princes. Après avoir remercié son public et vanté la beauté de la France, il termine son concert avec « M'arrêter là ». ■

"Une ballade émouvante sur le besoin de s'arrêter pour profiter de la vie"

Marie

UN SOLDAT À SA FIANCÉE

Au mois d'octobre 2002, la France entière découvre la nouvelle chanson de Johnny Hallyday, « Marie », qui devient en quelques semaines un immense tube. Retour sur la petite histoire de ce titre mélancolique qui a ému les fans de notre rockeur national…

En 2002, quelques mois avant d'entamer une nouvelle grande tournée, Johnny Hallyday enregistre un album intitulé *À la vie, à la mort*. À l'initiative de Pascal Nègre, le P.-D.G d'Universal, la maison de disques du chanteur, on demande à l'auteur-compositeur Gérald de Palmas, qui a le vent en poupe depuis le succès de son album *Marcher dans le sable*, d'écrire et de composer des chansons pour Johnny Hallyday. C'est une véritable consécration pour Gérald, qui a démarré sa carrière dans les années 80, au sein du groupe Les Max Valentin, avant de s'imposer en solo, en 1994, avec « Sur la route ». L'auteur-compositeur se met donc au travail et crée sept titres pour l'Idole. Ce dernier n'en retiendra finalement que cinq, dont « Marie », une jolie ballade qui dénonce les atrocités de la guerre. C'est en souvenir d'un film que Gérald de Palmas a écrit cette chanson calme et poignante qui raconte la guerre vécue de l'intérieur, par un soldat qui s'adresse à sa fiancée, Marie, pour lui raconter les horreurs dont il est témoin. Le prénom « Marie » s'est imposé à Gérald comme une évidence, sans qu'il le cherche vraiment.

« Marie » est enregistrée, au printemps 2002, avec l'orchestre symphonique d'Yvan Cassar, et Johnny Hallyday met toute sa force vocale et son émotion pour l'interpréter. Mixé et réalisé par Steve Prestage, le fidèle collaborateur de Gérald de Palmas, le single « Marie » paraît quelques semaines avant le double album *À la vie, à la mort*, qui sort le 4 novembre 2002. Ce premier extrait remporte rapidement tous les suffrages. Énormément programmé sur les radios, le clip de la chanson est aussi beaucoup diffusé à la télévision. Johnny Hallyday est invité dans de nombreuses émissions pour interpréter « Marie ». En quelques mois, le single se vend à un million cent soixante-dix mille exemplaires et s'impose comme l'un des plus gros succès de la longue carrière du rockeur.
Ce dernier confiera : « Marie est ma chanson préférée car, dès que j'entame les premières notes, tout le public se met à chanter. »

Pour la petite histoire, à l'occasion d'un sondage TNS-Sofres conduit pour le magazine du club Johnny Hallyday, « Limited Access », « Marie » a été plébiscitée comme la chanson préférée des Français, toutes générations confondues. ■

"Une ballade qui dénonce les atrocités de la guerre"

Mon plus beau Noël

L'AMOUR D'UN PAPA À SON ENFANT

En décembre 2005, Johnny Hallyday dédie sa nouvelle chanson, « Mon plus beau Noël », à sa fille Jade. Pleins feux sur ce tendre message d'amour paternel, écrit et composé en une nuit.

Lorsque Johnny Hallyday cherche de nouvelles chansons pour son futur album, à la fin de l'année 2004, il fait notamment appel à Fred Blondin, un auteur-compositeur-interprète qu'il apprécie tout particulièrement. Pour Johnny, Fred Blondin est un peu le Joe Cocker français, et c'est parce qu'il aime son univers qu'il lui demande de faire ses premières parties lors de sa Tournée des Stades, en 2000. Par la suite, en 2002, les deux artistes travaillent à nouveau ensemble sur l'album *À la vie, à la mort*, pour lequel Blondin écrit « Dis-le-moi ».

Sur l'album suivant, *Ma vérité*, Johnny, qui est un fidèle, demande donc une nouvelle fois des chansons à Blondin. Ce dernier va alors lui en proposer une dizaine, mais en finalité le chanteur et sa maison de disques n'en retiendront que deux, dont « Mon plus beau Noël ». Et pourtant, cette chanson a bien failli ne jamais exister. En effet, toutes les chansons de l'album étaient sélectionnées, lorsque Blondin apprend que l'un de ses titres initialement retenu avait finalement été écarté. Contrarié par cette éviction de dernière minute, Fred Blondin décide immédiatement de proposer un autre titre. Dans la nuit suivante, il compose et écrit « Mon plus beau Noël », une belle déclaration d'amour d'un père à son enfant.

Au petit matin, il maquette le titre puis, à midi, il enfourche sa moto et porte sa démo au bureau de Jean-Claude Camus. Quelques heures plus tard, le producteur fait écouter la chanson à Johnny qui craque littéralement et décide, le soir même, de l'inclure à son nouvel album.

Ma vérité arrive dans les bacs quelques mois plus tard, le 7 novembre 2005. Cet album connaît immédiatement un grand succès, en se vendant à plus de deux cent mille exemplaires en moins d'une semaine, devançant même Madonna. Après un premier extrait intitulé « Ma religion dans son regard », c'est au tour de « Mon plus beau Noël » de sortir en single, quelques semaines avant les fêtes de fin d'année.

Cette chanson de circonstance qui atteint la première place des ventes, la semaine de Noël, est alors énormément diffusée à la radio et à la télévision. Le clip met en scène Johnny et son épouse Lætícia, et bien sûr leur petite Jade.

Pour la petite histoire, lors de la finale de la Star Academy 5, le 17 décembre 2005, Johnny Hallyday interprète « Mon plus beau Noël ». Ce soir-là, il est particulièrement ému car, dans le public, il y a Lætícia et la petite Jade, admirative de voir son papa lui faire un si beau cadeau. ■

Vingt ans

LE TEMPS QUI PASSE

Succès de l'hiver 2012, le titre « 20 ans » permet à Johnny Hallyday de connaître un nouveau succès. Adaptation française signée Miossec d'une chanson anglaise de David Ford, cet hymne à la jeunesse éternelle remportera une Victoire de la Musique dans la catégorie chanson originale de l'année.

En mars 2011, le quarante-septième album studio de Johnny Hallyday, *Jamais seul*, réalisé en étroite collaboration avec Matthieu Chédid, n'a pas rencontré le succès espéré, aussi bien auprès du public qu'auprès des médias. D'ailleurs, les chiffres des ventes s'en ressentent et sont largement inférieurs aux scores habituels de l'artiste. Malgré tout, après un intermède théâtral avec *Le Paradis sur Terre*, une pièce de Tennessee Williams, Johnny Hallyday repart en tournée, dès le 24 avril 2012. Cette tournée est un succès et passe par le Stade de France, les 15, 16 et 17 juin. Profitant de la pause estivale, de retour à Los Angeles, Johnny Hallyday enregistre alors un nouvel album, histoire de faire oublier rapidement l'échec du précédent. Pour ce nouveau disque, il veut revenir à des chansons beaucoup plus grand public, dans l'esprit de ses albums des années 80 avec Berger et Goldman. D'ailleurs, c'est tout naturellement vers ce dernier qu'il souhaite se tourner pour ses nouvelles chansons. Une demande est faite, mais Jean-Jacques Goldman fait savoir qu'il n'a pas le temps de travailler pour Johnny. Face aux rumeurs de cette éventuelle nouvelle collaboration, la maison de disques de l'auteur à succès dément, par un communiqué de presse officiel. Johnny s'en désole et confie au journal *Le Républicain lorrain* : « Je crois que sa vie de famille est devenue plus importante pour lui que sa vie d'artiste. »

Face à ce refus, Johnny Hallyday se tourne donc vers d'autres auteurs-compositeurs, comme le Breton Christophe Miossec. Ce dernier va trouver exactement les mots qu'attend Johnny, qui confie : « Je n'avais pas trouvé de textes qui me ressemblaient autant depuis longtemps, depuis Gilles Thibault, qui m'avait fait "Que je t'aime" ou "Ma gueule". Il fallait que je tombe sur quelqu'un d'écorché comme moi. » Ainsi, pour ce nouvel album, Miossec va écrire sept textes de chansons pour Johnny, dont « 20 ans », l'adaptation française d'une chanson de l'artiste anglais David Ford, sortie en 2008, sous le titre original « I'm Alright Now ». Miossec va en faire une magnifique ballade sur le thème du temps qui passe. Un thème qui touche particulièrement le chanteur, qui avoue : « On joue tous avec notre passé. Quand un acteur interprète un rôle, il se sert de son vécu. Quand un chanteur veut dire des choses, il fait la même chose. Les émotions, on les fait passer quand on les a traversées. C'est bien plus difficile pour un môme de vingt ans, qui ne peut pas chanter l'amour brisé, par exemple. On voit tous le temps qui file, surtout quand on prend de l'âge, comme moi.

Mais tous les chanteurs, tous les musiciens, dans notre tête, on a vingt ans. On vieillit physiquement mais pas intellectuellement. »

« 20 ans » sera le deuxième extrait du quarante-huitième album studio de Johnny. Le single sort au mois de décembre 2012 et devient rapidement un succès. Johnny l'interprète dans de nombreuses émissions de télévision, à la fin de l'année 2012 et au début de l'année 2013. Un clip en noir et blanc, mêlant des images tirées de l'enregistrement de l'album en studio et de nombreuses images d'archives replongeant dans la frénésie de la vie de l'idole, est multidiffusé. À l'approche de ses soixante-dix ans, Johnny Hallyday prouve avec cette chanson qu'il garde toute l'énergie et l'enthousiasme de ses vingt ans ! Lors de la vingt-neuvième cérémonie des Victoires de la Musique, le 14 février 2017, en direct du Zénith, « 20 ans » remporte le Prix de la chanson originale de l'année. ■

Un dimanche de janvier

APRÈS LES ATTENTATS TERRORISTES…

Des événements dramatiques sont parfois à l'origine de magnifiques chansons. C'est le cas pour « Un dimanche de janvier », que Johnny Hallyday enregistre sur son cinquantième album studio. Cette chanson, composée par Maxime Nucci et écrite par Jeanne Cherhal, revient sur l'élan républicain qui a suivi les terribles attentats terroristes qui ont touché la France, au début de l'année 2015.

C'est le vendredi 9 octobre 2015, lors d'un concert au Stade Pierre-Mauroy, de Lille, que Johnny Hallyday annonce par surprise la sortie de son cinquantième album studio. Sur ce disque qui réunit onze chansons, Johnny Hallyday a travaillé avec le musicien et compositeur Maxime Nucci, alias Yodélice, qui a également réalisé l'album.
Johnny et Maxime se connaissent bien. En 2011, Maxime avait déjà composé trois chansons sur l'album *Jamais seul* de Johnny. En 2014, il récidive avec quatre titres sur l'album *Rester vivant.* Au fil des années, une belle complicité artistique s'est installée entre ces deux passionnés de rock, et c'est donc tout logiquement que Johnny a décidé de faire tout un album avec Maxime.

Ce disque est enregistré dans le plus grand secret en dix jours, au mois d'août 2015, entre Paris, Santa Monica et Los Angeles. Même s'il y a beaucoup de musiques rock, de belles ballades sont aussi présentes sur ce disque, comme « Un dimanche de janvier ». Cette chanson, écrite par l'artiste nantaise Jeanne Cherhal, revient avec des mots simples sur les marches républicaines qui ont suivi les terribles attentats terroristes que la France a connus, en janvier 2015. Comme des millions de Français, Johnny a été très touché par ces dramatiques tueries qui ont décimé la rédaction du journal *Charlie Hebdo*, des policiers et les clients d'une supérette kascher. Jeanne Cherhal, qui avait participé à la grande marche républicaine du dimanche 11 janvier 2015, entre la place de la République et la place de la Bastille, à Paris, en a écrit un texte émouvant qui décrit cette journée de colère et de dignité de tout un peuple meurtri. Aussi, lorsque Jeanne propose ce texte de chanson à Johnny, il accepte de l'interpréter sans hésiter. Johnny avouera qu'il était ami avec Wolinski et que son assassinat lui avait fait beaucoup de peine. Il confiera également qu'il était juste de rendre hommage à tous ces gens formidables.

L'album, sur lequel figure « Un dimanche de janvier », sort le vendredi 13 novembre 2015, au moment même où la France est une nouvelle fois victime de violences terroristes sur des innocents. Le lendemain, en concert au Zénith de Strasbourg, Johnny Hallyday dédie son spectacle aux victimes

et à leur famille et observe une minute de silence avec le public. Le 27 novembre suivant, alors qu'il est sur la scène de Bercy, lorsqu'il interprète « Un dimanche de janvier », la scène s'éclaire en bleu, blanc, rouge. À la fin de la chanson, Johnny accroche un drapeau français au pied de son micro, tandis que les spectateurs, dans la salle, se mettent à interpréter *la Marseillaise*.

Le dimanche 10 janvier 2016, à 11 heures, pour clore une semaine de commémoration des tragiques attentats, Johnny Hallyday interprète « Un dimanche de janvier », place de la République, à Paris, en présence du président de la République, François Hollande, de la maire de Paris, Anne Hidalgo, de nombreux officiels et de milliers d'anonymes. Un grand moment plein d'émotion et de recueillement. ■

Remerciements :

Johnny Hallyday, pour l'hommage qu'il mérite et sans qui nous n'aurions pu réaliser cet ouvrage - Lætitia Hallyday pour sa confiance et sa bienveillance. – Tous les auteurs-compositeurs qui ont habillé sur mesure et en chansons l'artiste – Daniel Angeli – Françoise Carminati – Thierry Chassagne - Jean-Luc Drion – Michel Duplessier - Tony Frank – Jacques Gargano – Mario Gurrieri - Gilles Lhote – Michèle Marchand – Marion Marin – Olivier Nusse - Jean-Louis Rancurel – Jean-Marc Rouget.

Crédits photos :

Daniel Angeli/Bestimage : page 118

Jean-Luc Drion/FLO : pages 78 - 89

André Florent/FLO : page 9

Tony Frank : pages 10 - 49 - 56/57 - 61 - 64 - 68 - 79 - 81 - 83 - 84/85 - 87 - 93 - 94/95 - 99 - 4e de couverture (haut)

Jacques Gargano : page 37

Gilles Lhote : pages 91 - 97 - 101 - 103 - 105 - 107 - 108 - 125

Alain Marouani/FLO : 4e de couverture (bas)

Jacques Marthelot/FLO : pages 19 - 33

Gilbert Moreau/FLO : pages 45 - 47 - 50 - 51 - 53 - 55 - 59 - 60 - 63 - 73 - 75

Nisak-Rouget : pages : 15 - 17 - 18

Alain Nogues/Asa Press : page 25

Jean-Louis Rancurel : pages 21 - 41 - 43 - 111 - 113

Roger Kasparian / Rancurel photothèque : couverture – 23 – 39 - 42

Jean-Marc Rouget : pages 13 - 24 - 27 - 29 - 31 - 34/35 - 65 - 67 - 71 - 77 - 115 - 116/117 - 121 - 123 - 126

Achevé d'imprimer
en décembre 2017
par PPO-GRAPHIC
91120 Palaiseau
printed in France

J'ETAIS FOU
TU ES LA
"LE BON TEMPS DU ROCK AND ROLL"
Hallyday
HALLYDAY
JE TE PROMETS
JOHNNY HALLYDAY CARMEL
J'OUBLIERAI TON NOM
JOHNNY HALLYDAY
"revoilà ma solitude"
DOU RON RON
BRAS EN CROIX
PHILIPS
JOHNNY HALLYDAY
JOHNNY
LE PÉNITENCIER
TOUJOURS PLUS LOIN
ONE MORE TIME
ENCORE UNE FOIS
JE TE REVERRAI
LA PAIX
johnny hallyday
JOHNNY HALLYDAY
CHEVEUX LONGS
IDEES COURTES
LES COUPS
SI TOUT CHANGE
HALLYDAY
SAN FRANCISCO
johnny hallyday
MON FILS
FLEURS D'AMOUR ET D'AMITIE
PSYCHEDELIC
J'AI OUBLIE DE VIVRE
JOHNNY HALLYDAY
"elle m'oublie"
HALLYDA
KILI WATCH
Johnny Hallyday
vogue
EPL 7812
OUI J'AI
CE S'RAIT BIEN
JOHNNY HALLYDAY
ON ME RECHERCHE
JESUS CHRIST
JOHNNY
johnny
"OH ! MA JOLIE SARAH"
QUE J'AIE TORT OU RAISON...
johnny hallyday
"NOËL INTERDIT"
"FOU D'AMOUR"
QUELQUE CHOSE DE TENNESSEE
HALLYDAY
Johnny Hallyday
SOUVENIRS, SOUVENIRS
JOHNNY HALLYDAY
'c'est la vie'
'au secours'
JOHNNY HALLYDAY
Un jour viendra
Johnny HALLYDAY
VIENS DANSER LE TWIST
en français
en anglais
PHILIPS
MA GUEULE
Johnny
JOHNNY
QUE JE T'AIME
voyage au pays des vivants
je suis né dans la rue
viens
RETIENS LA NUIT
du film "LES PARISIENNES"
JOHNNY HALLYDAY
PHILIPS
"TROP B
HALLYDAY
les gars, nous les Filles
MON SEPTIÈME CIEL
vogue
CE N'EST PAS MÉCHANT
"LA PEUR"
HALLYDAY
Tutti Frutti
EPL 7.860
vogue
Johnny HALLYDAY
DEPUIS QU'MA MOME
KNOCKED OUT
OUI J'AI
Marie
Johnny Hallyday
Johnny
NE TUEZ PAS LA LIBERTE
RIEN A PERSONNE